내 마음에

사르르

녹는 시간

민우준 지음

somssi

✱
무언가
달콤한 것이 필요한

오후 3시,
혹은 4시.

아무리 먹어도
헛 헛 한

내 마음의
오후 3시,
혹은 4시.

내 입술에
사 르 르 녹 는
✳
내 마음에
사 르 르 녹 는

사 랑 스 러 운
어떤 것들.

※
자,

달 콤 한   프 랑 스   자 수 를
시작할 시간이에요.

Prologue

달콤했던
그 순간을
기 억 하 나 요 ?

제 작업실 책상 앞에는 맨 처음 제가 만들었던 바늘집과 수를 놓는 모습의 단아한 레이디가 언제나 저와 함께 하고 있어요. 무엇이든 '처음'이라는 것엔 좀 더 특별한 의미가 담겨지듯, 이 작품들은 아무리 보아도 질리지 않는 저의 소중한 보물들이랍니다.

이제 막 자수를 시작하셨나요? 아니면 자수를 시작한 지 꽤 시간이 흘렀나요? 처음 자수를 접했던 그때를 기억하시나요?

저의 경우는, 언니 집에 놀러갔다가 언니의 정갈한 자수 소품들을 본 것이 자수와의 첫 만남이었어요. '세상에나… 이런 것도 사람의 손으로 할 수가 있는 거구나…!' 참으로 놀랍고 신기했답니다. 그리고 또 어느 날, 제 딸아이가 수놓은 작은 리넨 한 조각을 보게 되었죠. 지금 생각해보면 크게 특별할 것도 없는, 레이지 데이지 스티치와 백 스티치로만 수놓은 정말 단순한 조합이었는데… 아마 그 순간 제 마음속에 커다란 종소리가 울렸던 것 같아요. 그날 이후 저는 프랑스 자수와 길고 긴 사랑에 빠지게 되었답니다. 그렇게 저의 달콤한 나날들이 시작되었습니다. 그리고 지금 이렇게 저의 첫 자수책이 세상에 나오게 되었습니다.

지금까지 봐왔던 스타일과는 조금 다른 자수책을 만들어보고 싶었습니다. 프랑스 자수 특유의 사랑스러움과 달콤함이 가득 묻어나는 자수 작품을 모아보고 싶었어요. 그래서 컵케이크와 마카롱, 갖가지 맛의 도넛과 타르트, 에클레어와 바게트까지… 파티시에가 된 듯한 기분으로 하루하루를 보냈답니다. 자수를 처음 만났던 기억이 아직도 생생한데, 이렇게나 빨리 저의 버킷리스트 한 줄이 실현되었네요.

이제 막 프랑스 자수에 첫 발을 내디뎠거나, 혹은 이미 자수의 매력에 푹 빠져있는 분들 모두에게 이 책이 신선한 매력과 새로운 영감으로 다가설 수 있다면 참 좋겠습니다. 그리고 여러분의 일상에 프랑스 자수가 달콤한 쉼표로 기억되는 일에, 이 책이 작은 보탬이 되었으면 좋겠습니다. 분명 그럴 수 있으리라 확신해요!

아무것도 아니었던 저를 꿈을 꾸는 아내로, 평범하기 그지없던 엄마를 자수작가로 새로 태어나게 해준 우리 가족들… 정말 고맙습니다.

그럼 이제부터 저와 함께 달콤한 프랑스 자수의 매력 속으로 들어가 볼까요?

Contents

PROLOGUE
달콤했던 그 순간을 기억하나요? 16

INTRO
시작하기 전에

자수에 필요한 기본 도구 22
자수를 하기 전에 알아둘 것들 26
자수를 시작할 때 궁금한 것들 32

STEP 1 꼭 알아야할 기초 스티치 20 36
STEP 2 보다 풍부한 표현을 위한 중급 스티치 14 52
STEP 3 볼륨감을 더해주는 입체 스티치 9 66

SPECIAL 1 새틴 스티치 잘 하는 노하우 7 78
SPECIAL 2 아웃라인 스티치 잘 하는 노하우 6 80

일러두기 84

CHAPTER 1
첫 번째 달콤한 시간

커피 브레이크 88 / 쁘띠 마카롱 92 / 롤케이크 94 / 진저브레드맨 98
아홉 가지 맛 도넛 102 / 달콤한 레터링 108 / 아이스크림 콘 110
빵빵빵 112 / 애프터눈티 116 / 에클레어 120 / 케이크 스탠드 122

CHAPTER 2
두 번째 달콤한 시간

마카롱 128 / 초코볼 134 / 컵케이크 136 / 커피 트리오 138
트래블 투 파리 142 / 다섯 가지 과일 맛 타르트 146
웨딩 케이크 152 / 아이스크림 바 158

CHAPTER 3
세 번째 달콤한 시간

아이스크림 에코백 164 / 카페 에이프런 166 / 컵케이크 티코스터 169
허니 허니 스트링 파우치 174 / 롤리팝 파우치 179
마카롱 다이어리 커버 182 / 미니 액세서리 5종 184 / 롤케이크 핀쿠션 192
캔디 핀쿠션 194 / 마카롱 수틀 액자 200

—
INDEX 211

🍓 자수에 필요한 기본 도구

❋ 수틀

원단을 팽팽하게 잡아주는 역할을 합니다. 수틀 없이도 수를 놓을 수는 있지만 수틀을 사용하지 않으면 원단이 쉽게 구겨져서 단정하고 깔끔하게 자수를 놓기 어렵답니다. 특히 새틴 스티치와 같이 면을 채우는 스티치의 경우, 수틀을 꼭 사용해야 더 편리하고 예쁘게 자수를 완성할 수 있어요.

재질에 따라서는 플라스틱 수틀, 나무 수틀, 대나무 수틀, 고무 재질로 된 후프(Hoop, 흔히 고무 수틀이라고도 부르지만 후프라고 하는 게 맞는 표현이에요)로 나눌 수 있어요. 이 중에서 나무 수틀이 가장 일반적으로 널리 사용되고 있어요.

나무 수틀은 자연친화적이면서도 그 클래식한 느낌 때문에 가장 선호되는 소재이지요. 대나무 수틀은 수틀 중에서도 가격이 제일 저렴하다는 장점이 있어요. 요즘은 예쁜 컬러의 플라스틱 수틀도 많이 나오고 있어서 플라스틱 수틀의 인기도 좋은 편이랍니다.

고무 재질로 된 후프는 원래는 수틀이 아니라 자수 작품의 액자 용도로 사용하는 것인데, 자신이 놓은 자수 작품을 간편하게 걸어둘 수 있어 좋아요. 나무 수틀에 비해 가격이 저렴하다보니 요즘은 수틀 대용으로 사용하는 분들도 많답니다.

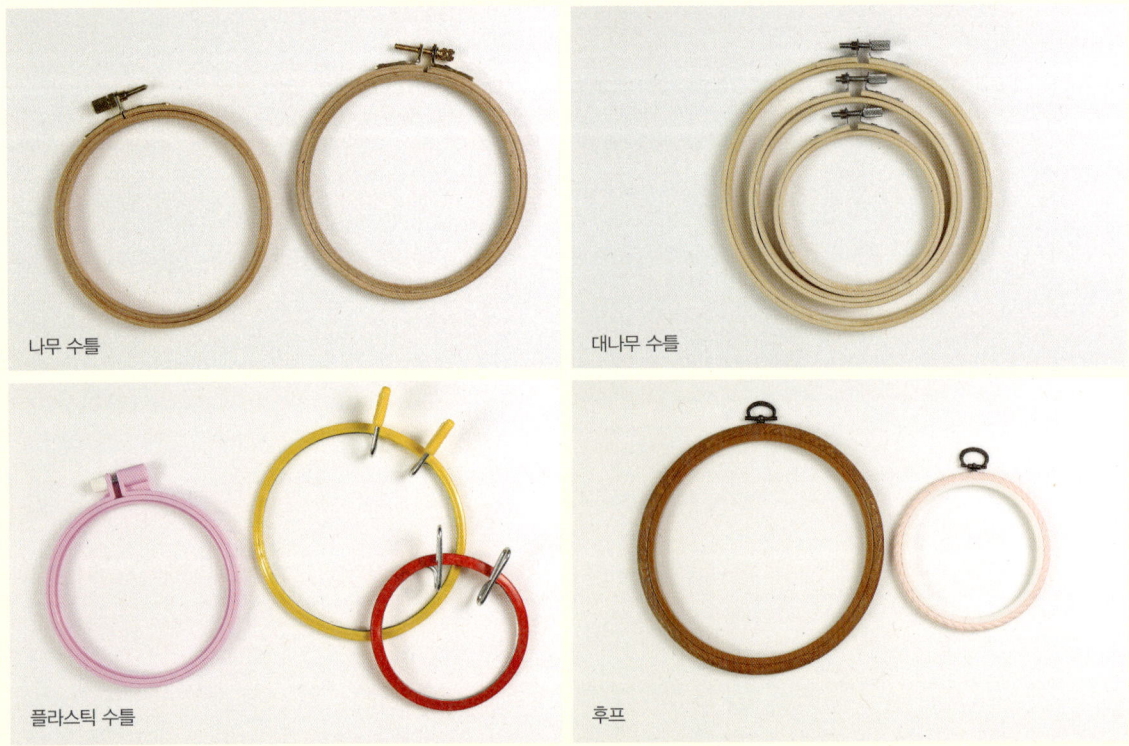

나무 수틀 | 대나무 수틀
플라스틱 수틀 | 후프

FOR BEGINNER! 수틀은 지름 10~12cm 정도가 손에 잡고 쓰기에 가장 편해요. 초보자일 경우, 너무 큰 수틀은 수를 놓기 불편할 테니 구입 시 주의하세요.

✳ 자수바늘

일반적으로 사용하는 프랑스 자수바늘은 끝이 뾰족하고 3~10호까지 다양한 굵기가 있어요. 여러 가닥의 실을 꿸 수 있도록 바늘귀가 큰 것이 특징이고 숫자가 클수록 바늘이 가늘어집니다. 사용하는 원단의 두께와 실의 가닥 수에 따라 적당한 굵기의 바늘을 골라 사용하세요. 입체용 자수바늘은 끝이 뭉툭하며, 입체 스티치 기법을 사용할 때 적합합니다.

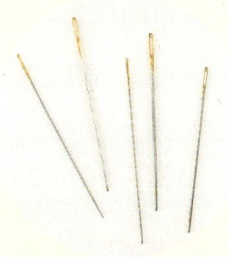

자수바늘은 숫자가 클수록 바늘이 가늘어져요.

입체용 자수바늘은 끝이 뭉툭하답니다.

✳ 자수실

자수실은 굵기에 따라 25번사, 12번사, 8번사, 5번사, 4번사 등이 있으며 숫자가 커질수록 실의 두께가 가늘어집니다. 소재에 따라서는 면사, 울사, 메탈릭사, 레이온사, 리넨사 등으로 구분할 수 있어요.

이 중 프랑스 자수를 할 때 가장 일반적으로 쓰이는 실은 25번 면사입니다. 한 타래의 전체 길이는 8m이고, 총 6가닥으로 이루어져 있으며 원하는 가닥 수만큼 뽑아서 사용할 수 있어요.

FOR BEGINNER! 자수실은 50~60cm 정도로 잘라서 사용하세요. 한 번에 너무 길게 자르면 수를 놓는 도중 실이 잘 엉키기도 하고, 실이 여러 차례 원단을 통과하면서 고유의 광택을 잃어버리기 쉬워요.

가장 일반적으로 쓰이는 25번 면사. 아래쪽에 적힌 번호로 컬러를 구분합니다.

✳ 원단

자수용 원단으로는 리넨, 무명, 광목을 가장 많이 사용합니다. 너무 얇거나 신축성이 강한 원단은 수놓기에 까다로울 수 있어요. 원단의 컬러는 원하는 대로 선택할 수 있는데, 초보자의 경우 연한 컬러의 원단을 선택해야 자수실 컬러를 고를 때 좀 더 수월해요. 자수 실력이 차차 늘어감에 따라 다양한 컬러의 원단에 도전해보세요.

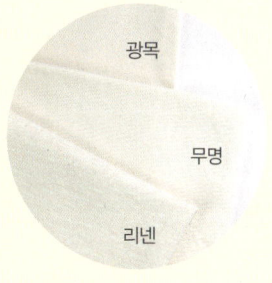

다양한 컬러의 리넨

❋ 트레이싱지

도안을 베낄 때 사용하는 반투명 투사지입니다. 너무 얇은 것보다는 살짝 도톰한 두께의 트레이싱지(75g 정도)를 사용하세요.

❋ 먹지(초크지)

원단에 자수 도안을 옮길 때 사용합니다. 검정색이 가장 많이 쓰이며 빨강, 파랑 등 컬러가 있는 것도 있답니다. 원단 컬러에 맞춰, 도안이 잘 보일 수 있는 컬러를 골라 사용하면 좋아요.

❋ 철필(트레이서)

트레이싱지에 옮겨 그린 도안을 먹지 위에 대고 원단에 옮겨 그릴 때 철필(트레이서)을 사용합니다. 다 쓴 볼펜으로 대체해도 괜찮아요.

❋ 도안용 펜

■ **수성펜**

원단에 도안을 직접 그리거나 덧그릴 때 사용합니다. 물이 닿으면 쉽게 지워지기 때문에 편리해요. 단, 여러 번 덧그리게 되면 물을 뿌려도 점점 크게 번져 지저분해질 수 있으니 주의하세요.

■ **기화성펜**

도안을 그린 후 어느 정도 시간이 지나면 공기 중으로 펜의 성분이 날아가 도안이 자연스럽게 지워져요. 펜 자국을 지우기 위해 물을 뿌리고 말리는 번거로움이 없는 반면, 제한된 시간 안에(도안이 지워지기 전에) 자수 작업을 마무리해야 한다는 단점이 있어요.

■ **열펜**

60℃ 이상의 열이 닿으면 도안이 지워지는 펜입니다. 자수 작업 후 다림질을 해서 작품을 정돈해주면 훨씬 더 깔끔한 완성품을 만들 수 있지요.

FOR BEGINNER!

수성펜 자국이 번져 원단이 지저분해졌을 때는 물속에 원단을 완전히 담가두면 펜 자국을 깨끗이 지울 수 있어요.

✻ 가위

자수를 할 때는 자수용 가위(실만 자르는 용도)와 재단용 가위(원단만 자르는 용도)를 준비해야 합니다. 두 개의 가위를 따로 구비해놓고 쓰는 게 효율적이랍니다. 집마다 가위 하나쯤 없는 집은 없겠지만 이것저것 잘랐던 가위는 날이 무디고 절삭력에 아무래도 문제가 있을 가능성이 커요. 그리고 나만의 예쁜 가위를 소유하는 것, 이것 역시 자수하는 사람들의 작지만 소중한 즐거움이랍니다. 자수용 가위는 실만 자르는 용도이니 크기가 작고 날이 잘 드는 것으로 준비하세요. 재단용 가위는 커다란 천을 쓱쓱 잘라야하니 사이즈가 웬만큼 큰 것이 좋아요.

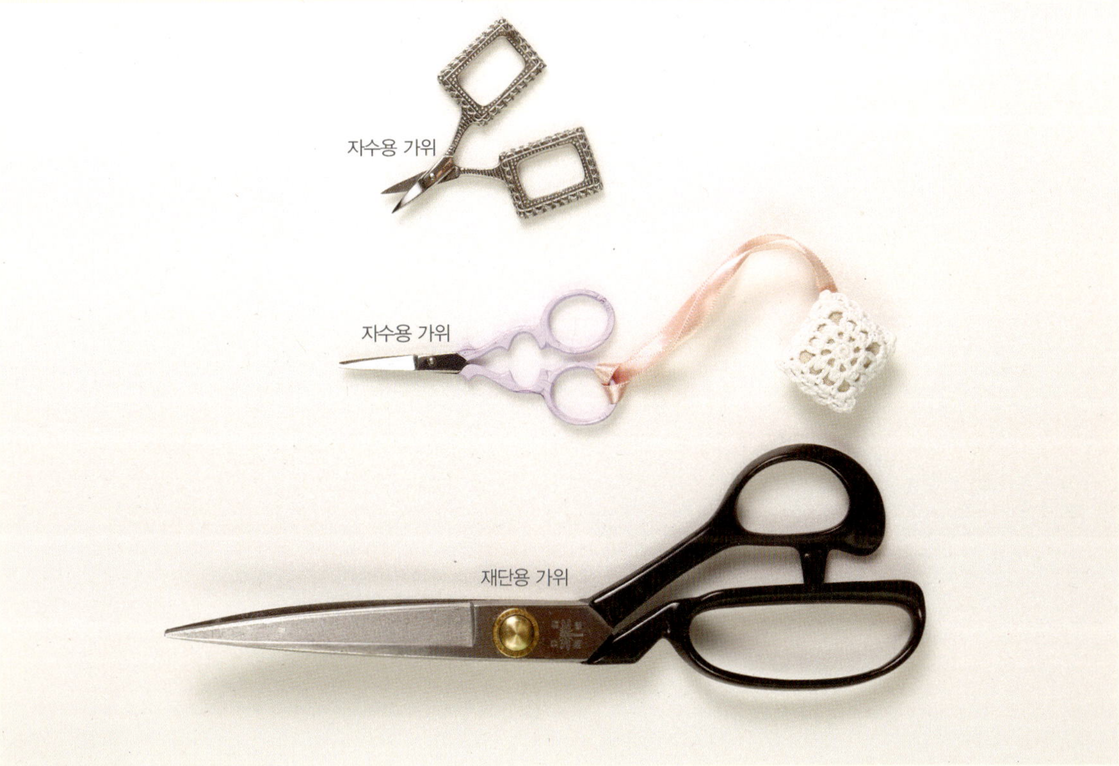

자수용 가위

자수용 가위

재단용 가위

✻ 실뜯개

실을 뜯어 자수를 수정해야할 경우에 사용하는 도구로, 이제 막 자수를 시작한 초보자들에게 권해요. 자수바늘이나 끝이 뾰족한 가위로도 충분히 실을 뜯을 수 있지만 실뜯개가 있다면 확실히 더 편리해요. 힘들게 놓았던 수를 뜯어낼 때의 심정이 그다지 좋은 건 아니니 1초라도 빨리 뜯어낼 수 있다면 좋겠죠? 꼭 필요한 도구는 아니지만, 있으면 훨씬 편리한 도구랍니다.

자수를 하기 전에 알아둘 것들

❋ 도안 옮기는 방법

종이 도안 위에 트레이싱지를 올려놓고 연필로 따라 그리세요.

원단 위에 도안이 옮겨 그려진 트레이싱지를 올립니다. 원하는 위치를 정한 다음 그 사이에 먹지를 끼워 넣으세요. 이때 초크가 묻은 면이 원단과 닿도록 하세요.

Min's Tip...
짙은색 원단에는 흰색 초크지를, 연한색 원단에는 빨강, 파랑 등 색깔 있는 초크지를 사용하면 좋아요!

시침핀이나 투명테이프로 윗부분을 고정시킨 다음 철필(또는 볼펜)로 꾹꾹 눌러가며 따라 그리세요. 이때 먹지를 살짝 들춰서 도안이 원단 위에 잘 베껴지고 있는지 눈으로 확인해보세요.

만약 너무 흐리게 옮겨졌다면 수성펜으로 살살 덧그려줍니다.

의외로 많이 하는 실수! 먹지의 초크 면이 원단 표면과 닿지 않고 반대로 맞닿게 놓는 사람들이 많아요. 그러면 도안이 베껴지지 않겠죠.

수놓기 어려울 정도로 너무 흐리게 도안이 옮겨지면 안 돼요!

❋ 수틀에 천 끼우는 방법

먼저 두 개의 원형 틀을 분리하세요.

작은 원형 틀을 바닥에 내려놓고 그 위에 원단을 올려놓은 후 큰 원형 틀을 양손으로 눌러 끼웁니다.

원단이 수틀에 팽팽하게 고정될 수 있도록 나사를 조여주세요.

원단을 바깥쪽으로 골고루 잡아당기면서 원단의 올 방향을 정리해줍니다.

수틀에 원단이 너무 헐겁게 혹은 올이 틀어질 정도로 너무 팽팽하게 끼워지지 않도록 잘 조절하세요.

✹ 바늘에 실 꿰는 방법

Min's Tip...
실이 잘 접히도록 바늘로 모서리를 만들어주세요.

실 끝을 조금만 접어 그 사이에 바늘을 끼우세요.

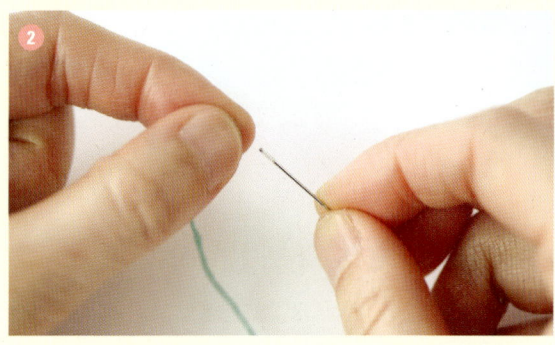

왼손 엄지와 검지로, 실이 접힌 부분을 잡으세요. 이 상태에서 바늘을 아래로 빼세요.

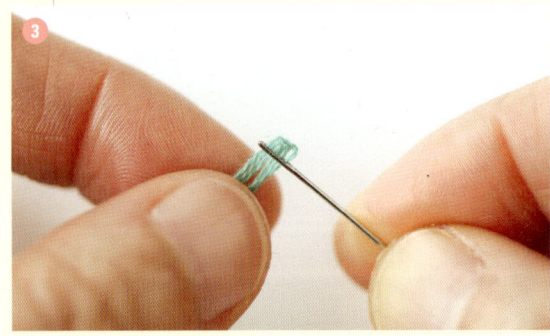

다시 바늘을 손가락 가까이 가져다 댄 다음, 서서히 손가락을 벌리면서 실의 접힌 부분을 바늘귀에 꿰어줍니다.

그 상태로 실을 잡고 10cm 정도 쭉 빼내세요.

FOR BEGINNER! 바늘에 실 꿰기가 너무 어렵다면 시중에 나와 있는 실 꿰기 도구를 사용하세요. 혹은 실 끝에 물기를 묻혀주면 좀 더 쉽게 실을 꿸 수 있어요. 자수 작업 시, 바늘을 한 개가 아닌 여러 개를 돌려가면서 사용하면 좀 더 빨리 바늘과 친해질 수 있답니다.

✹ 실 매듭 짓는 방법

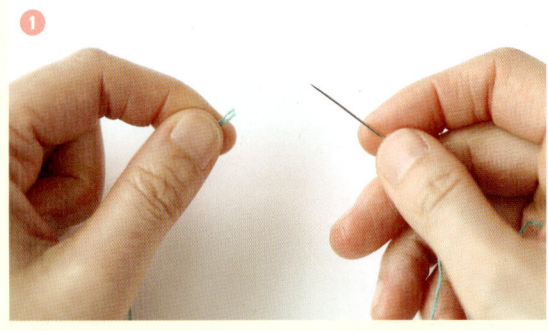

오른손에 바늘을 잡고 왼손에는 실의 긴 쪽 끝을 잡으세요.

바늘 위에 실 끝을 올리세요.

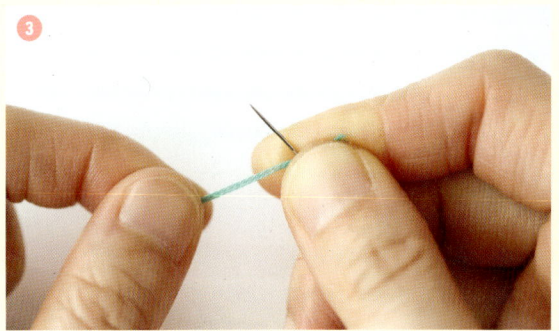

❸ 오른손 엄지와 검지로 실을 꾹 눌러 잡습니다.

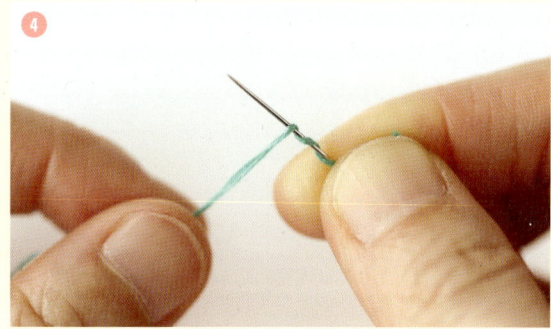

❹ 그 상태에서 바늘에 실을 1~2회 정도 감아주세요.

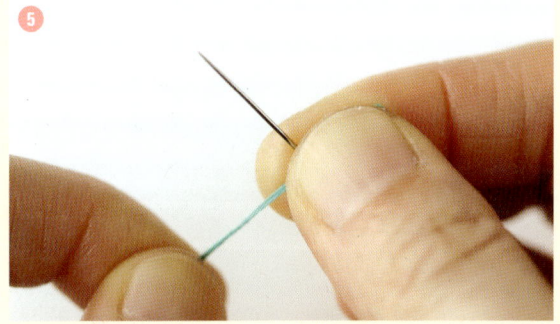

❺ 실이 감긴 부분을 오른손 엄지와 검지로 꾹 눌러 잡으세요. 나중에 매듭이 될 부분이므로 놓치지 않도록 주의합니다.

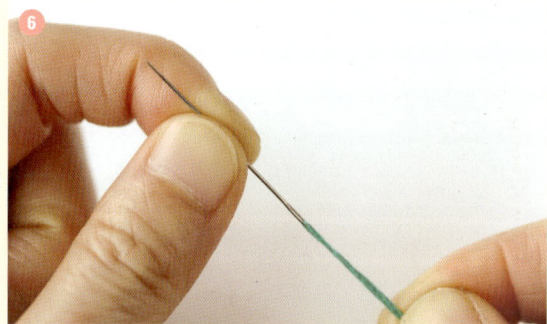

❻ 다른 한 손으로 바늘을 위로 쭉 당겨 빼냅니다.

❼ 매듭 완성!

Min's Tip...
실 1~2가닥으로 수놓을 때는 실을 두세 번, 3가닥 이상으로 수놓을 때는 한 번만 감아 매듭을 짓는 게 좋아요.

✽ 실 보관하는 방법

※ 자수실은 보통 보빈(실을 감아두는 실패)에 감아 정리해두는 것이 일반적입니다(이 책에서는 DMC 25번 면사를 기준으로 했습니다).

❶ 먼저 실의 라벨지를 빼낸 다음 실타래의 중심을 벌려 손목에 끼우세요.

❷ 한 손으로는 준비된 보빈을 잡고, 다른 한손으로는 실 끝을 잡고 감아주세요.

Min's Tip...
이때 실 색상 번호가 적힌 라벨지를 보빈에 끼워 넣고 감아주면 실을 다시 구입할 때 편리해요.

❸ 실을 다 감아준 후 실 끝을 보빈의 홈에 걸어주세요.

Min's Tip...
자수실 체크표를 정리해두세요. 중복해서 실을 구입하는 실수를 줄일 수 있답니다.

❹ 보빈을 세우지 말고 가로로 눕혀서 케이스 안에 가지런히 정리해두세요. 십자수와 달리 실 색상 번호가 아닌 전체적인 색감을 보면서 실을 골라 작업을 해야하거든요.

Min's Tip...
실 컬러가 잘 보이도록 보빈을 가로로 눕혀서 정리하세요.

알록달록 예쁜 실 컬러만 봐도 힐링이 되는 기분이에요.

❋ 선세탁 하는 방법

대부분의 원단은 세탁 후 수축할 수 있으므로 항상 수놓기 전 미리 한 번 세탁한 뒤, 사용합니다.
넉넉한 양의 미온수에 원단을 30분 이상 담가두었다가 꺼낸 다음 꾹꾹 눌러 물기를 짜세요.
탁탁 털어 그늘에서 말린 다음, 살짝 덜 말랐을 때 다림질해 두세요.

❋ 자수 작품 세탁 및 다림질 하는 방법

1. 깨끗한 대야에 미지근한 물을 받고 중성세제를 조금 풀어 준비해주세요.
2. 완성된 자수 작품을 평평하게 펴서 수면 위에 올려놓으세요.
   작품이 자연스럽게 가라앉을 수 있도록 30분 이상 그대로 놓아둡니다
   (특별히 오염된 부분이 있다면 부드러운 스펀지에 세제를 적당량 묻혀 그 부분을 토닥여주세요).
3. 깨끗한 물을 서너 번 정도 갈아주면서 충분히 헹군 뒤, 건져냅니다.
4. 깨끗한 타월을 준비해 그 사이에 자수 작품을 넣고 양손바닥으로 탁탁 치면서 대강의 물기를 제거합니다.
5. 통풍이 잘 되는 그늘에서 건조시킨 다음, 살짝 덜 말랐을 때 다림질해줍니다.
   면이나 마직물은 160~200℃로 다림질합니다.
6. 커다란 타월을 두세 번 접어 다리미 판 위에 올린 뒤, 그 위에 자수 작품을 뒤집어 올려놓고 뒷면을 다림질합니다.

초보자들이 특히 많이 하는 실수! 절대 자수 앞면을 직접 다림질하면 안 돼요. 자수의 볼륨감이 사라집니다.

반드시 자수 뒷면을 다림질하세요.

자수를 시작할 때 궁금한 것들

Q. 자수 도구, 한 번에 다 구입하기가 부담스러워요. 정말 꼭 필요한 재료만 집어주세요.

A. 자수를 시작할 때 누구나 고민하는 부분이 바로 도구 준비입니다. 일단 정말 꼭 필요한 재료인 자수실과 자수바늘, 수틀만 우선 구입해서 시작해보세요. 부담이 없어야 시작도 즐겁게 할 수 있으니까요. 일단 그것만으로 시작해본 다음, 정말 시간 가는 줄 모르고 자수에 빠져들고 있는 나 자신을 발견한다면 그때 도구들을 추가로 구입해도 늦지 않답니다.

Q. 어떤 수틀이 가장 좋은가요?

A. 대나무 수틀은 저렴하긴 하지만, 품질이 다소 떨어지는 편이어서 저는 그리 권하지 않아요. 장기간 사용하다보면 아무래도 원형이 틀어질 가능성이 높거든요. 플라스틱 수틀은 가격대별, 컬러별로 여러 종류가 나와 있으므로 취향에 따라 선택해도 좋을 듯해요. 제가 가장 권하는 것은 나무 수틀입니다. 다른 수틀에 비해 가격이 비싸기는 하지만 가장 견고하고 천을 당겨주는 힘도 좋아요. 물론 도구는 개인의 특성과 목적에 맞는 것을 고르면 됩니다. 하지만 자수는 많은 정성과 시간을 요하는 작업이다 보니, 기본 도구를 준비할 때 초기 투자 비용이 좀 들더라도 품질이 좋은 재료를 구비해 시작하는 것이 더 좋아요.

Q. 가장 좋은 실 브랜드는요?

A. 실 역시 무엇이 가장 좋다고 꼽기는 힘들어요. 현재 우리나라에서 가장 많이 쓰이는 실 브랜드는 프랑스에 본사를 둔 DMC 실이랍니다. 십 수 년 전 우리나라에 십자수가 대유행했을 때부터 인기를 얻었던 브랜드라 지금도 가장 많이 사용되고 있지요. 독일산 앵커(Anchor) 실도 유명한데, DMC보다 살짝 더 화려한 컬러를 보유하고 있습니다. 앞서 말한 두 브랜드보다는 인지도가 덜하지만, 일본 코스모 실도 많이 쓰이고 있습니다. 하지만 자수실은 브랜드보다는 자신이 원하는 컬러에 주안점을 두고 고르는 것이 더 중요해요.

Q. 자수실이 다 예뻐서 고르기가 너무 힘들어요! 가장 많이 유용하게 쓸 수 있는 실 컬러를 추천해주세요.

A. 초보자들은 자수실을 고를 때 많은 어려움을 겪기 마련이죠. 그 수많은 비슷비슷한 컬러 중에서 자신에게 꼭 필요한 컬러를 골라내는 게 생각보다 쉽지 않거든요.
그럴 때 유용한 게 '자수책+자수실 세트'예요. 요즘은 인기 있는 자수책과 그 안에 사용된 실을 세트로 묶어 파는 상품이 여럿 나와 있어요. 자수실 고르는 게 머리 아프다면 이런 상품이 요긴할 거예요. 실 컬러 고르는 일은 지극히 개인적인 취향의 문제이기는 하지만, 사실 예쁜 색깔을 볼 때 느끼는 감정이나 에너지는 사람마다 별반 다르지 않기 때문에 이렇게 선별된 실 세트를 이용하는 것도 나쁘지 않아요.
그리고 초보일 때는 온라인상으로 실 컬러를 구별하기가 어려우니, 한번쯤은 오프라인 매장을 꼭 방문해서 직접 육안으로 컬러를 확인하고 실을 구입하기를 추천합니다.

Q. 재봉용 실도 따로 구비해둬야 하나요?

A. 소품 제작 시에는 자수실보다 재봉실이나 퀼팅실을 사용해서 바느질을 해주는 것이 좋아요. 자수실은 100% 면사이거나 울사, 리넨사이므로 다소 힘이 약할 수 있어요. 재봉틀 사용이 가능한 분이면 당연히 재봉실, 손바느질로 소품을 만드신다면 100% 폴리에스테르 재질의 퀼팅실을 사용하는 것이 더 튼튼하답니다.

Q. 자수바늘은 어떤 브랜드가 좋은가요?

A. 무엇이 가장 좋다고 꼽기는 힘들고, 가장 많이 쓰는 브랜드를 알려드릴 테니 취향에 따라 골라보세요. 우선 우리나라에서 가장 대중적으로 쓰이는 것은 일본 크로바사 바늘(6천 원대)입니다. 누구나 무난하게 만족할 수 있을 거예요. 영국 존 제임스 바늘(3천 원대)도 유명한데, 가격 대비 품질이 좋아서 개인적으로 좋아하는 브랜드예요. 프랑스 사쥬 바늘(7천 원대)은 가격이 상대적으로 조금 비싸지만 패키지도 예쁘고 선물하기 좋아서 인기가 많아요. 코바늘로 유명한 튤립사에서도 자수바늘(7천 원대)이 나오고 있어요.

Q. 수놓을 때 실이 자꾸 엉키고 꼬이면서 저절로 매듭이 생겨요.

A. 자수실을 한 번에 너무 길게 잘라 사용하고 있지는 않나요? 실은 항상 적당한 길이, 즉 50~60cm 정도씩 잘라 사용하는 습관을 들여야 해요. 그리고 자수는, 실을 엮고 꼬고 때론 휘감기도 하면서 원단 위에 그림을 그리는 과정과 같답니다. 수놓는 중간 중간 번거롭더라도 꼬인 실을 풀어주면서 작업하세요.
바늘을 잡고 있는 손가락을 이용해 꼬인 실의 반대 방향으로 바늘을 빙빙 돌려주거나 바늘을 아래로 툭 떨어뜨린 다음, 엄지와 검지 손가락을 이용해 실을 한번 쭉 훑어 내려주면 원래의 상태로 금세 돌아간답니다.

Q. 바늘땀이 고르게 놓이지 않아 속상해요.

A. 예쁘고 고른 바늘땀은 누구나 한 번에 이뤄내기는 힘들어요. 하지만 시간이 흐르면서 점점 요령이 생길 거에요. 예를 들어, 선을 이루는 스티치의 경우 실을 쫀쫀하게 당기면서 원단에 바늘땀이 착 밀착되도록 당겨주어야 깔끔하게 표현돼요. 연습을 계속 하다보면, 각각의 스티치가 지니고 있는 작지만 미묘한 특징들을 잡아낼 수 있게 된답니다. 그러면 어느새 깔끔하고 예쁘게 수놓아진 자수결과 바늘땀이 여러분 눈앞에 나타날 거예요. 가장 쉬운 스티치부터 가볍게 시작해서 실을 당기는 힘, 즉 장력을 고르게 유지하는 연습을 꾸준히 해보세요.

Q. 수놓고 남은 자투리실은 어떻게 처리해야 하나요?

A. 열심히 집중해서 자수를 놓고 나서 주위를 둘러보면, 여기저기 쓰다 남은 실들로 주위가 엉망이기 일쑤지요. 그 자투리실을 버리지 말고 모아두었다가 어떤 한 작품에 온전히 사용해보세요. 각각의 자투리실들은 대개 내가 선호하는 색깔이면서 동시에 서로 잘 어울리는 색들의 조합이었을 테니, 십중팔구 내 맘에 드는 작품이 나올 가능성이 크답니다.

Q. 바느질을 전혀 못하는데… 자수를 잘 할 수 있을까요?

A. 자수와 바느질(소잉)은 밀접한 관계에 있기는 하지만, 엄밀히 말하면 별개의 영역이에요. 그러니까 바느질을 못해도 얼마든지 자수를 잘 할 수 있어요.
다만 자수 작품을 완성하고 나면, 그것을 실생활에서 쓰는 물건으로 활용하고 싶은 욕심이 생기기 마련이에요. 그래서 자수를 활용한 무언가를 만들게 되는데… 바느질 실력이 좋거나 퀼트나 미싱을 할 줄 아는 사람이라면 별 문제가 없지만 그렇지 못한 사람들은 또 답답한 심정에 빠지게 되지요. 그래서 가능하면 자수와 함께 바느질도 열심히 익혀보시길 추천합니다. 자수를 완성한 다음에는 바느질 실력도 어느 정도 따라주어야, 정성을 다한 나의 자수 작품이 찬란한 빛을 볼 수 있거든요.

Q. 마지막으로 재료 구입 시 팁을 주신다면?

A. 처음에도 말씀드렸듯이 가장 중요한 점은 꼭 필요한 도구만 먼저 구입하는 것! 나의 취향과 적성에 자수가 잘 맞는지, 직접 경험해보기 전에는 알 수 없으므로 우선은 가장 기본이 되는 도구들만 구입해서 자수를 놓아본 후 차차 필요한 재료를 더 구비해 가세요. 그리고 자수실만큼은 꼭 알려진 브랜드의 정품을 구입하세요. 중국산 저렴한 실을 사게 되면 100% 물빠짐 사태에 직면하게 될 테니까요.

🧁 STEP 1
꼭 알아야할 기초 스티치 20

❋ 러닝 스티치 *Running Stitch*

초보자가 가장 먼저 익히게 되는 스티치로, 한 땀의 길이와 각 땀 사이의 간격이 같아야 합니다. 원단 위에서 바늘과 실이 달리는 듯한 모습이라고 해서 '러닝 스티치'라는 이름이 생겨났다고 해요.

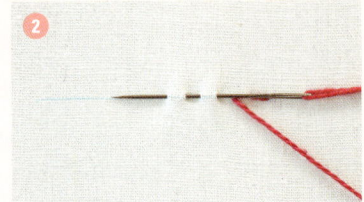

시작점에서 바늘을 빼주세요.   각 땀 사이의 간격을 고르게 유지하면서 한 번에 두세 땀씩 연달아 수놓으세요.   완성!

❋ 휘프트 러닝 스티치 *Whipped Running Stitch*

평범한 러닝 스티치에 장식을 더해준 재미있는 스티치입니다. 대조되는 두 가지 컬러의 실을 사용하면 효과를 극대화할 수 있답니다. 코르도네('가는 장식끈'이라는 뜻) 스티치라고도 불려요.

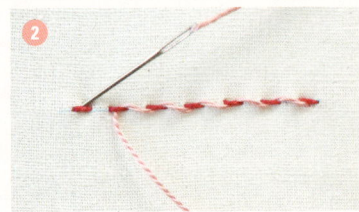

먼저 러닝 스티치를 한 줄 수놓은 후 같은 색 또는 다른 색 실을 바늘에 꿰어 첫 땀의 중간 아래에서 나옵니다. 그 다음 두 번째 땀의 위에서 아래로 바늘을 끼워 넣으세요.   러닝 스티치가 끝나는 지점까지 계속해서 같은 방향으로 모든 땀을 휘감아주세요. 마지막 땀의 중간 위로 들어가서 마무리합니다.   완성!

> **Min's Tip...**
> 바탕천은 뜨지 않고 러닝 스티치의 각 땀을 휘감으며 끝까지 작업해 나갑니다.

러닝 스티치 활용 예   휘프트 러닝 스티치 활용 예

✻ 백 스티치 *Back Stitch*

깔끔하고 분명한 윤곽선을 표현하기에 좋은 스티치이며 오른쪽에서 왼쪽으로 작업해 나갑니다.
이름처럼 수놓는 스티치 방향이 수를 놓아가는 선의 진행 방향과 반대가 되는 것이 특징이랍니다.

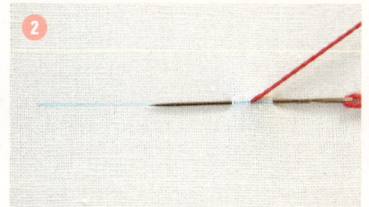
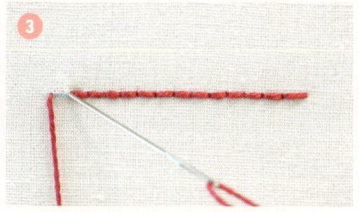

시작점에서 한 땀 떨어진 곳에서 바늘을 빼주세요.

이제 뒤로 한 땀 뜨면서 동시에 앞으로 한 땀을 떠줍니다.

같은 방법을 반복합니다. 균일한 땀 길이를 유지하되, 각 땀 사이가 끊어지지 않도록 주의하며 선의 끝까지 수놓아 갑니다.

✻ 휘프트 백 스티치 *Whipped Back Stitch*

평범한 백 스티치에 장식적 요소를 가미한 쉽고도 재미있는 스티치입니다.
휘프트 러닝 스티치와 마찬가지로 대조되는 두 가지 색실을 사용하면 두드러진 효과를 볼 수 있어요.

먼저 백 스티치를 한 줄 수놓으세요. 다른 색 실을 바늘에 꿰어 첫 땀의 아래쪽 끝부분에서 나옵니다.

Min's Tip...
백 스티치의 한 땀 길이가 제법 길 때는 첫 땀의 중간 아래에서 나옵니다.

두 번째 땀의 위에서 아래로 바늘을 끼워 넣으세요.

백 스티치가 끝나는 지점까지 계속해서 휘감아가다 마지막 땀의 위쪽 끝부분에 바늘을 꽂아 마무리합니다.

백 스티치 활용 예

휘프트 백 스티치 활용 예

✽ 스트레이트 스티치 *Straight Stitch*

자수의 가장 기본이 되는 스티치로, 다른 어떤 스티치보다도 광범위하게 쓰이는 높은 활용도를 자랑한답니다. 다양한 길이와 각도로 불규칙하게 수놓아 면을 채우기에도 좋아요.

  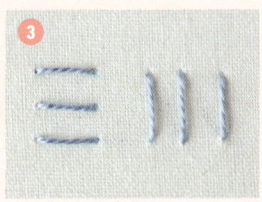 

1로 나옵니다. | 2로 들어가면서 한 땀을 완성합니다. | 완성! 이렇게 똑바로 직선을 한 땀씩 수놓는 것이 스트레이트 스티치예요. | 스트레이트 스티치 활용 예

✽ 새틴 스티치 *Satin Stitch*

면을 채우는 가장 대표적인 스티치로, 일련의 스트레이트 스티치를 같은 각도로 평행을 이루도록 수놓아갑니다. 깔끔하게 수놓인 새틴 스티치는 표면이 매끄럽고 광택이 흐르는 듯 무척 아름답습니다.

 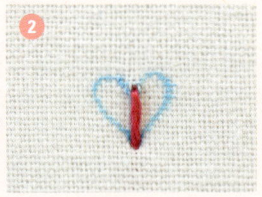  

면을 채울 모티브에 중심선을 그립니다. | 원하는 결 방향에 맞추어 중심선을 스트레이트 스티치로 한 땀 수놓으세요. | 첫 땀과 평행을 이루도록 주의하면서 반쪽을 꼼꼼히 채워나갑니다. | 다시 중심선 바로 옆으로 나와 나머지 반쪽도 깔끔하게 수놓습니다. 완성!

Min's Tip...
새틴 스티치 잘 하는 방법은 p.78을 참조하세요.

새틴 스티치 활용 예

❋ 레이지 데이지 스티치 *Lazy-daisy Stitch*

꽃잎과 나뭇잎을 수놓을 때 주로 사용하는 스티치입니다. 물방울처럼 예쁘게 수놓으려면 당기는 힘(장력) 조절이 필수랍니다. 원하는 꽃잎의 개수를 생각하여 등분선을 그려주세요. 여기서는 5등분하여 꽃을 수놓아보겠습니다.

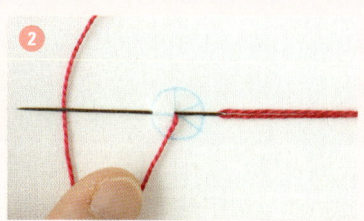

1. 원의 중심에서 바늘을 빼내어 실을 왼손 엄지로 눌러 잡아 줍니다.

2. 실은 왼쪽에서 오른쪽으로 돌려 고리를 만들고, 바늘은 다시 원의 중심으로 꽂으면서 꽃잎 한 장 크기만큼 떠줍니다. 이때 실은 바늘 아래에 놓여야 해요.

3. 바늘을 천천히 잡아당기세요. 예쁜 꽃잎 모양이 되는 순간 당기는 것을 멈춥니다.

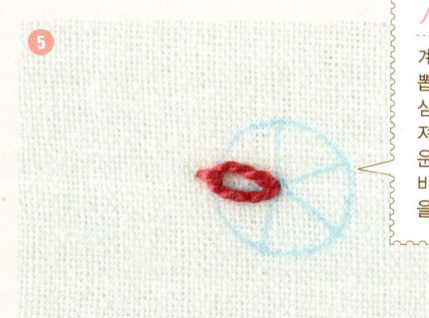

> **Min's Tip...**
> 계속해서 중심에서 바늘을 뽑아 올려 수놓게 되면 중심에서 실이 여러 겹 겹쳐져 덜 예뻐 보인답니다. 가운데에 아주 작은 공간을 비워둔다는 생각으로 바늘을 꽂으며 수놓아보세요.

4. 바늘을 고리 바깥으로 꽂아 꽃잎 모양을 고정해줍니다.

5. 꽃잎 한 장, 즉 레이지 데이지 스티치 하나가 완성되었습니다.

6. 다시 원의 중심으로 나와 ②~④ 과정을 반복합니다. 완성!

레이지 데이지 스티치 활용 예 (p.118)

✳︎ 프렌치 넛 스티치 *French Knot Stitch*

작은 비즈처럼 생긴 사랑스러운 느낌의 프렌치 넛 스티치. 하나하나 독립적으로 쓰기에도 좋고
오밀조밀 수놓아 면을 채우기에도 정말 효과적인 스티치랍니다.

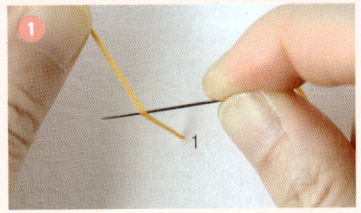
1에서 나와 왼손 엄지와 검지로 실을 잡고, 나온 실의 아래쪽에 바늘을 갖다 댑니다.

실을 바늘에 천천히 한 번 또는 두 번 감아줍니다.

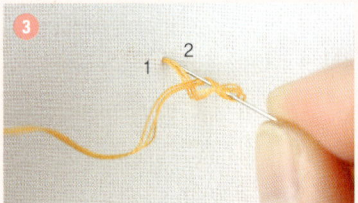
왼손으로는 실을 그대로 잡은 채 바늘을 1 바로 옆 2에 꽂으세요. 이때 왼손으로 잡고 있는 실을 미리 팽팽하게 잡아당기지 않도록 주의하세요.

이제 바늘을 수직으로 곧게 세우면서, 동시에 왼손으로 잡고 있는 실을 당겨 매듭(넛)이 원단에 밀착되도록 하세요.

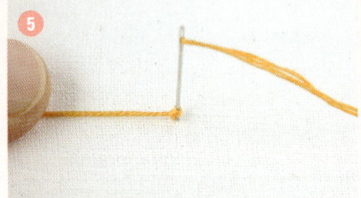
이제 왼손은 수틀을 잡아줍니다.

그 상태 그대로 바늘을 아래 방향으로 수직으로 내려 꽂아줍니다. 왼손은 그대로 실을 팽팽하게 잡고 있어야 해요.

원단 뒤에서 바늘을 "쓱!" 하고 잡아 빼냅니다.

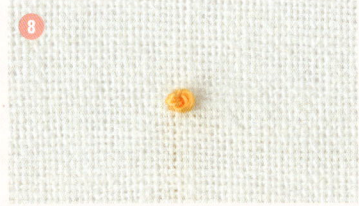
귀엽고 오동통한 프렌치 넛 스티치 완성!

여러 개 수놓아주면 더욱 예뻐요.

프렌치 넛 스티치 활용 예

Min's Tip...
실은 한두 번만 감으세요. 보다 큰 매듭을 만들고 싶을 땐 바늘에 실을 여러 번 감기보다는 실의 올수를 늘리거나 좀 더 굵은 실을 사용해 크기를 조절합니다.

❋ 아웃라인 스티치 *Outline Stitch*

구불거리는 곡선이나 복잡한 선을 표현할 때 매우 유용하며, 이와 동시에 면을 채우는 용도로도 아주 효과적인 스티치입니다.
반 땀씩 겹쳐지면서 진행되는 아웃라인 스티치의 원리를 꼭 기억하세요.

1

시작점에서 나와 실을 밑으로 내린 후 왼손 엄지로 내린 실을 잡아줍니다.

2

그 상태에서 한 땀의 길이만큼 뜨면서 다시 시작점으로 나옵니다.

3
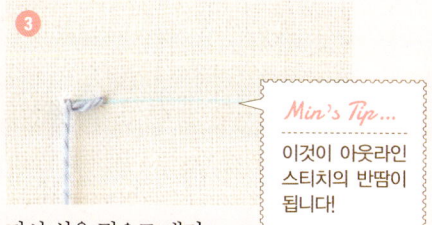
다시 실을 밑으로 내려 잡습니다.

> *Min's Tip...*
> 이것이 아웃라인 스티치의 반땀이 됩니다!

4
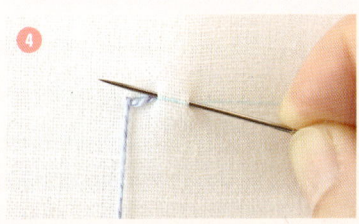
처음의 한 땀 길이만큼 떨어진 지점에 바늘을 꽂으면서, 동시에 첫 땀이 끝난 지점으로 정확하게 다시 나옵니다.

5

이때 천천히 바늘을 뽑아 올리면서 첫 땀이 두 겹으로 겹쳐지는 모습을 확인하세요.

> *Min's Tip...*
> 반 땀씩 겹쳐지는 원리예요!

6

바늘을 끝까지 잡아당깁니다.

7

다시 첫 땀 길이만큼 뜨면서 이전 땀이 끝난 지점에서 바늘을 빼줍니다.

8
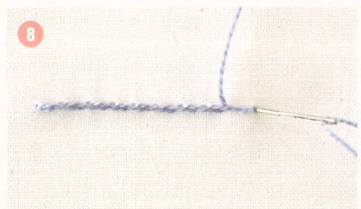
위와 같은 식으로 반 땀씩 겹쳐 나가면서 아웃라인 스티치를 계속해 나갑니다.

9

완성!

10
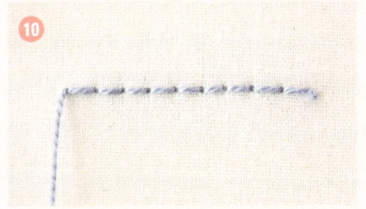
스티치를 끝낸 뒷모습은 가지런한 백 스티치가 되어야 해요.

p.94
아웃라인 스티치 활용 예

> *Min's Tip...*
> 아웃라인 스티치 잘 하는 방법은 p.80을 참조하세요.

✳ 플라이 스티치 *Fly Stitch*

Y자 모양의 이 스티치는 느슨하게 고리를 만들어준 후, 고리 가운데를 스트레이트 스티치로 고정하여 완성합니다.
고정해주는 길이를 달리하면 다양한 느낌을 낼 수 있어요.

1로 나와 실을 아래쪽으로 내립니다.

바늘을 2로 넣으면서 아래쪽에 느슨한 고리를 만듭니다.

왼손 엄지로 고리를 잡은 채 바늘을 3으로 빼내줍니다.

천천히 당기면서 왼손 엄지손가락을 자연스럽게 빼냄과 동시에 실을 끝까지 잡아당겨줍니다.

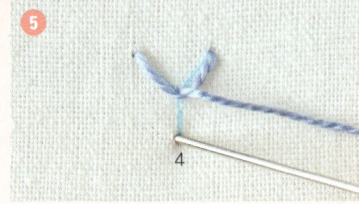

V자 모양을 확인한 다음 수직으로 4의 위치에 바늘을 꽂아 마무리합니다.

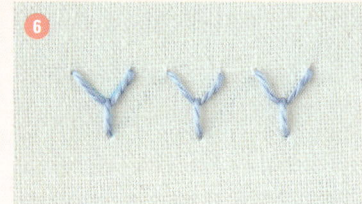

완성!

Min's Tip...
고리를 느슨하게 한 채 수직으로 짧게 고정해주면 곡선 느낌을 내는데 아주 효과적이에요.

플라이 스티치 활용 예

❋ 플라이 리프 스티치 *Fly Leaf Stitch*

세로 방향으로 연속해서 플라이 스티치를 수놓아 나뭇잎 모양을 만드는 스티치입니다.

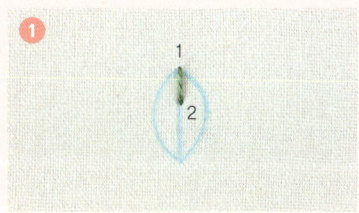

1에서 나와 2로 바늘을 넣으면서 스트레이트 스티치를 한 땀 수놓으세요. 이때 스트레이트 스티치의 길이는 나뭇잎 가운데 세로 길이의 3분의 1 정도가 되도록 합니다.

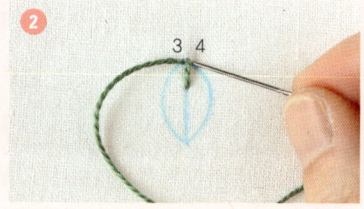

3에서 나와 실을 아래로 내리고 4로 넣으면서 느슨하게 고리를 만듭니다.

5에서 바늘을 빼면서 끝까지 당겨줍니다.

점을 찍듯이 6으로 들어갑니다.

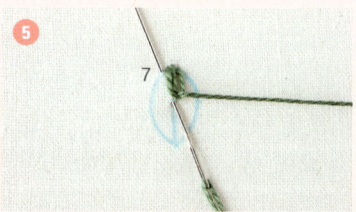

동시에 7로 나옵니다.

②~④ 과정을 반복합니다.

나뭇잎의 면이 촘촘히 채워졌다면 고리 바깥쪽으로 바늘을 넣어 마무리합니다.

완성!

플라이 리프 스티치 활용 예

❋ 체인 스티치 *Chain Stitch*

일정한 크기의 고리가 연결되어 있는 모습의 체인 스티치는 진한 윤곽선을 표현할 때나 면을 채울 때 매우 효과적이랍니다. 체인의 고리 모양이 둥글게 나올 수 있게 실을 너무 꽉 당기지 않도록 조심하세요.

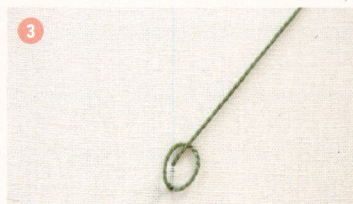

시작점에서 나와 실을 왼손 엄지로 눌러 잡아 줍니다.

그 상태에서 실을 왼쪽에서 오른쪽으로 돌려 고리를 만들면서 바늘을 다시 1에 꽂는 동시에 2로 빼냅니다.

바늘을 끝까지 잡아당겨 첫 번째 체인 스티치를 완성합니다.

Min's Tip...
고리의 크기가 일정하게 나올 수 있도록 고른 장력을 주며 수놓으세요.

②~③과 같은 방식으로 수놓습니다. 이때 바늘은 항상 고리 안쪽에 꽂아야 함을 명심하세요.

위의 과정을 반복하여 체인 스티치를 수놓아갑니다. 마지막에는 고리의 바깥쪽으로 바늘을 꽂아 체인 스티치를 마무리합니다.

완성!

체인 스티치 활용 예

✱ 휘프트 체인 스티치 *Whipped Chain Stitch*

먼저 체인 스티치를 수놓은 다음 다른 색 실로 바탕이 되는 체인 스티치를 휘감아가는 장식 스티치입니다.
다른 휘프트 스티치와 마찬가지로 휘감아주는 실은 처음과 끝을 제외하고는 바탕 천을 뜨지 않는답니다.

먼저 체인 스티치를 한 줄 수놓으세요.

다른 색 실을 바늘에 꿰어 첫 번째 체인 스티치의 아래쪽 끝에서 나옵니다.

두 번째 체인의 위에서 아래쪽으로 바늘을 끼워 넣어줍니다.

일정한 장력을 유지한 채 실을 끝까지 휘감아준 다음, 마지막 체인의 위쪽 끝에서 바늘을 원단 뒤로 빼내줍니다.

완성!

휘프트 체인 스티치 활용 예

❋ 스플릿 스티치 *Split Stitch*

선을 표현할 때도, 면을 채우기에도 매우 효과적인 스티치입니다. 얼핏 보면 체인 스티치와 비슷한 모양이지만 바늘로 이전 땀을 가르면서 수놓아가므로 체인 스티치보다 선이 가늘고 여린 모습이 특징입니다.

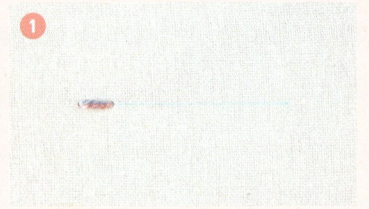

먼저 원하는 길이만큼 한 땀 수놓으세요.

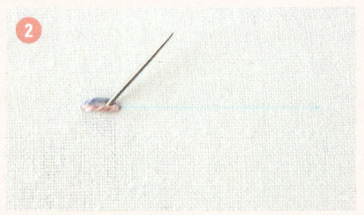

원단 뒤에서 첫 땀의 절반이 조금 안 되는 위치에서, 바늘로 앞 땀을 자연스럽게 가르면서 앞으로 빼내줍니다.

이제 실을 앞으로 쭉 잡아당겨서 첫 번째 스플릿 스티치를 완성합니다.

이런 식으로 반복하여 앞 땀을 가르면서 스티치를 이어갑니다.

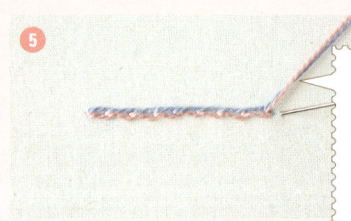

스티치를 끝낼 때는 짧은 스트레이트 스티치로 마무리합니다.

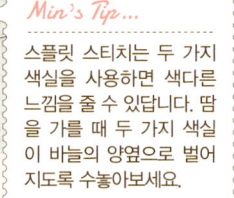

Min's Tip...
스플릿 스티치는 두 가지 색실을 사용하면 색다른 느낌을 줄 수 있답니다. 땀을 가를 때 두 가지 색실이 바늘의 양옆으로 벌어지도록 수놓아보세요.

p.113

스플릿 스티치 활용 예

❋ 카우칭 스티치 *Couching Stitch*

하나의 실 또는 실묶음을 다른 실로 일정한 간격에 따라 원단에 고정시키는 스티치입니다.
선 또는 면을 채우는 데 두루 사용할 수 있어요.

잘 어울리는 두 가지 색실을 준비합니다. 실의 굵기를 고려하여 바늘도 두 개를 준비해 각각 바늘에 실을 꿰어둡니다.

먼저 밑실로 사용할 실이 시작점에서 나옵니다.

다른 색실을 꿴 바늘로 밑실을 일정한 간격으로 고정시켜 나갑니다.

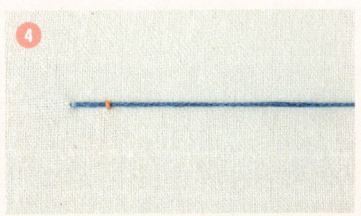

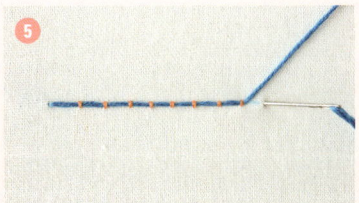

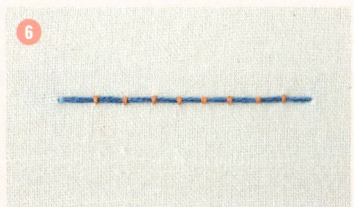

카우칭 스티치의 첫 땀이 완성되었습니다.

스티치를 끝낼 때는 밑실을 먼저 매듭지어 마무리하고, 그 다음 고정해나가던 다른 색실을 나중에 매듭지어 마무리합니다.

완성!

p.103

Min's Tip...
직선이나 완만한 곡선에서는 고정시켜주는 땀 길이를 다소 길게 잡아도 무방하지만, 심하게 구부러진 곡선에서는 미리 땀 길이를 줄여나가면서 스티치를 이어나가세요.

카우칭 스티치 활용 예

❋ 블랭킷 스티치 *Blanket Stitch*

원단 끝의 올 풀림을 막아주거나 원단 가장자리를 장식해 줄 때 사용하면 효과적인 스티치입니다.
버튼홀 스티치라고도 불러요. 블랭킷 스티치의 높이와 간격을 동일하게 유지하면서 수놓으세요.

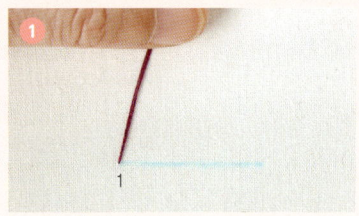
1에서 나와 실을 위로 올려 왼손 엄지 손가락으로 눌러 잡으세요.

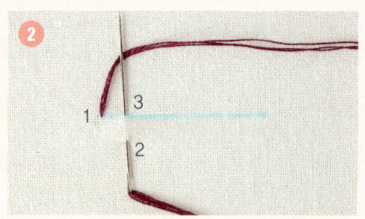
2와 3을 동시에 한 땀 떠주세요. 이때 실은 바늘 아래에 놓이게 됩니다.

그 상태에서 바늘을 위쪽으로 쭉 잡아 당겨주세요. 첫 번째 블랭킷 스티치가 완성되었습니다.

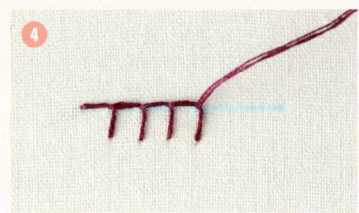
②~③ 과정을 반복하여 수놓아갑니다.

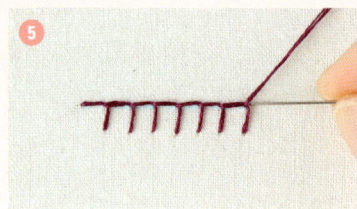
마지막 땀의 바로 뒤쪽으로 바늘을 찔러 넣어 마무리합니다.

완성!

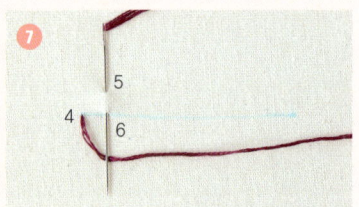
이번에는 바늘을 아래쪽으로 떠주면서 해볼게요. 4에서 나와 5와 6을 동시에 떠줍니다.

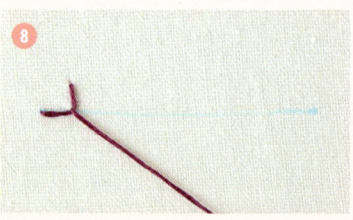
실을 아래쪽으로 당겨주면 블랭킷 스티치 완성!

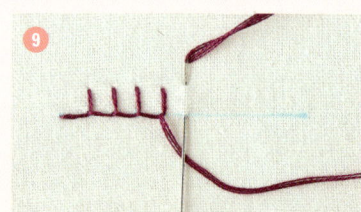
⑦~⑧을 반복하며 수놓아 갑니다.

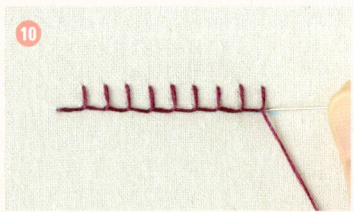
역시 마지막 땀의 바로 뒤쪽으로 바늘을 찔러 넣어 마무리합니다.

두 가지 방향의 블랭킷 스티치 완성!

블랭킷 스티치 활용 예

❋ 롱 앤 숏 스티치 *Long And Short Stitch*

긴 땀과 짧은 땀을 번갈아가면서 수놓아 면을 채우는 스티치입니다. 각 줄마다 색을 바꿔가며 수놓으면 부드러운 그라데이션 효과를 줄 수 있습니다. 외곽선의 바깥쪽에서 안쪽 방향으로 수놓아가세요.

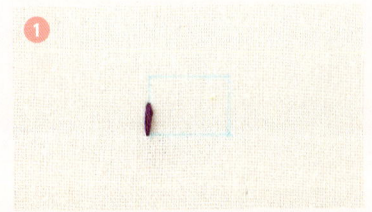

먼저 첫 번째 단의 맨 왼쪽에서부터 스트레이트 스티치로 길게 한 땀 수놓으세요.

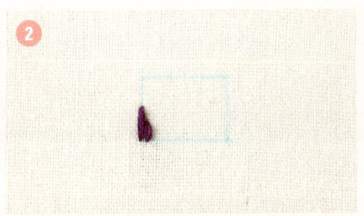

긴 땀 바로 옆에 짧은 땀을 수놓습니다.

이제 긴 땀과 짧은 땀을 반복하여 수놓아가며 첫 단을 완성하세요.

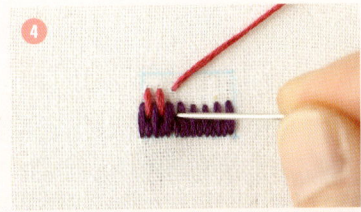

두 번째 단에서는 긴 땀만 수놓아 면을 채워 나갑니다.

두 번째 단이 완성되었습니다.

마지막 단은 첫 단에서처럼 긴 땀과 짧은 땀을 반복하여 남겨진 면을 모두 채웠습니다. 완성!

롱 앤 숏 스티치 활용 예

Min's Tip...
비정형적인 면을 채울 때에는 위쪽과 아래쪽의 폭 차이를 감안하여 긴 땀과 짧은 땀의 횟수를 상황에 맞게 조절하여 스티치합니다.

🌸 시드 스티치 *Seed Stitch*

스트레이트 스티치를 짧게 수놓아 면을 메우는 스티치입니다. 땀의 길이는 고르게 하면서 서로 다른 각도로 흩뿌려진 듯이 수놓아가면 자연스럽게 면을 채울 수 있어요.

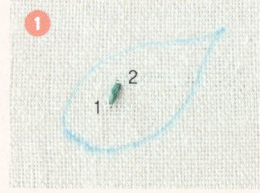   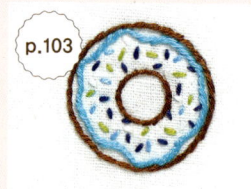

1에서 나와 2로 들어가세요.

첫 땀과 각도를 달리하면서 불규칙하게 수놓습니다.

듬성듬성하게 수놓아도 되고 다소 빽빽하게 면을 채워도 좋아요. 완성!

시드 스티치 활용 예

🌸 링 스티치 *Ring Stitch*

동물의 털 또는 보송보송한 풀밭 등을 표현하기에 효과적인 링 스티치는 면을 채워주었을 때 더욱 매력적입니다. 쉽고 간단하게 입체감을 살릴 수 있어 포인트 자수로 좋아요.

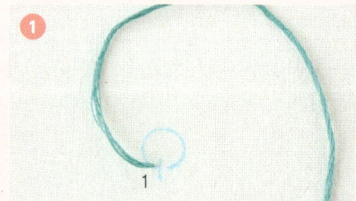 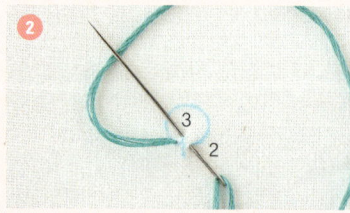 

1에서 나와 실을 링 모양으로 원단 위에 놓아줍니다.

바늘을 2에서 3까지 한 번에 떠줍니다. 이때 1, 2, 3은 삼각형 구도를 이루는 모습입니다.

3에서 바늘을 천천히 뽑아 올리면 실이 동그란 링 모양으로 점점 일어나는 모습을 확인할 수 있어요.

Min's Tip...
이때 너무 세게 당기지 않도록 주의하세요.

원하는 링 크기가 되었을 때 당기는 것을 멈추고 바늘을 4에 꽂아 마무리합니다. 완성!

링 스티치 활용 예

✸ 스파이더 웹 로즈 스티치 *Spider Web Rose Stitch*

장미를 수놓는 가장 쉽고도 아름다운 스티치입니다. 스파이더 웹 로즈 스티치는 홀수 개수만큼의 스트레이트 스티치를 기둥삼아 빙글빙글 엮으며 수놓아갑니다.

① 먼저 스트레이트 스티치로 다섯 개의 기둥을 세워줍니다.

② 중심점과 최대한 가까운 지점에서 바늘을 빼냅니다.

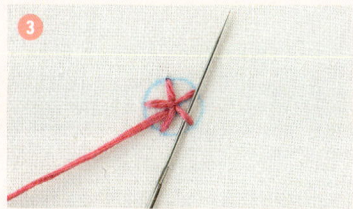

③ 바늘로 기둥을 하나씩 건너뛰면서 엮어 나가세요. 이때 바탕천은 뜨지 않아야 해요.

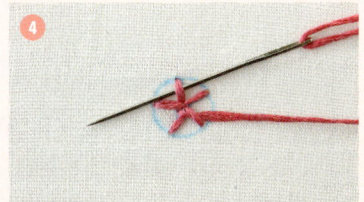

④ 실을 엮어나가는 도중, 실을 중심 방향으로 너무 세지도 너무 느슨하지도 않게 잡아당기면서 돌려가며 수놓습니다.

⑤ 기둥이 되는 스트레이트 스티치가 안 보일 때까지 계속해서 기둥의 위아래로 엮어 나갑니다.

⑥ 완전히 엮어졌으면 바늘을 눕히듯이 하여 원단 뒤쪽으로 넣어 마무리합니다.

완성!

p.120

스파이더 웹 로즈 스티치 활용 예

🍭 STEP 2
보다 풍부한 표현을 위한 중급 스티치 14

✤ 번들 스티치 *Bundle Stitch*

'번들'이란 '묶음, 다발'을 뜻해요. 이름처럼 여러 개의 스트레이트 스티치를 하나로 묶어 귀여운 느낌을 주는 스티치입니다.

1에서 나와 2로 들어갑니다.

사진처럼 원하는 길이, 원하는 개수의 스트레이트 스티치를 먼저 여러 땀 수 놓으세요.

중심의 스트레이트 스티치에 가까운 위치에서 바늘을 빼냅니다.

여러 땀을 한 번에 묶어주듯이 하면서 가운데 지점으로 들어갑니다.

완성!

p.184

번들 스티치 활용 예

✳ 트위스트 레이지 데이지 스티치 *Twist Lazy-daisy Stitch*

레이지 데이지 스티치의 응용으로, 스티치의 끝부분이 살짝 꼬인 것이 특징입니다.

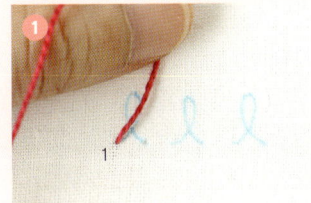 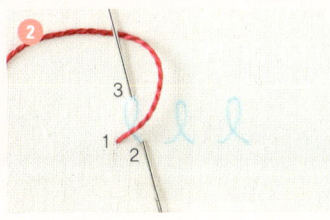 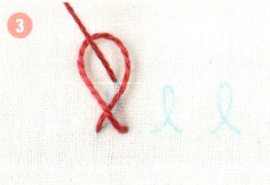

1에서 나와 레이지 데이지 스티치(p.39)처럼 고리를 만들어줍니다.

1과 같은 구멍이 아닌, 오른쪽 2에 바늘을 꽂으면서 동시에 3으로 한 땀 떠주세요.

그대로 바늘을 쭉 잡아당기면서 스티치의 끝부분이 살짝 꼬이는 모습을 확인하세요.

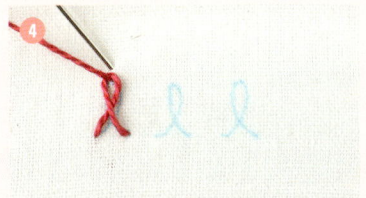 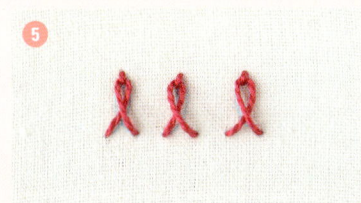

고리 바깥쪽으로 바늘을 넣어 마무리합니다.

완성!

트위스트 레이지 데이지 스티치 활용 예

✽ 블리온 스티치 *Bullion Stitch*

바늘에 실을 돌돌 감아 독특한 질감을 표현해주는 이 스티치는 일명 '애벌레 스티치'라고도 불린답니다.
실을 감는 횟수나 실의 굵기에 따라 평평하게 또는 굴곡져 보이게도 표현할 수 있어요.

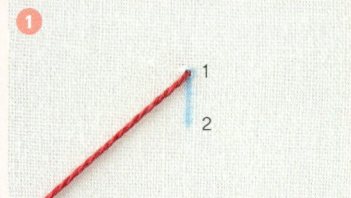

1에서 나옵니다.

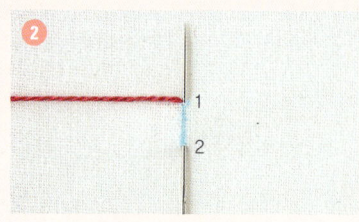

2로 들어가면서 동시에 1과 같은 구멍으로 바늘을 절반 이상 빼냅니다. 이때 실은 바늘 왼편에 둡니다.

오른손으로 실을 잡고 왼손 엄지는 바늘 밑에 끼웁니다. 그 상태에서 실을 시계 반대 방향으로 돌돌 감아줍니다. 바늘에 감긴 실(코일)의 길이가 처음 그려놓은 직선의 길이만큼 되었을 때 한두 번 더 감아주세요.

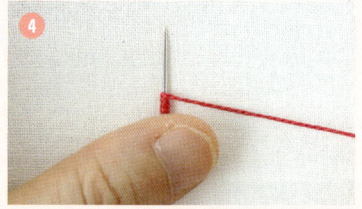

오른손은 실을 그대로 잡고 왼손 엄지는 빼내어서 사진처럼 바늘을 지그시 눌러주세요.

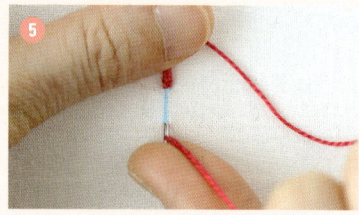

오른손 엄지로 바늘귀 부분을 위로 끝까지 밀어올립니다.

왼손은 그대로 바늘을 누른 상태에서 오른손 엄지와 검지로 천천히 바늘을 위쪽 방향으로 뽑아 올립니다.

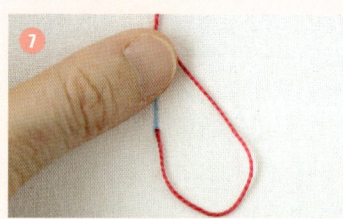

아래쪽의 실이 모두 끌려올라갈 때까지 당깁니다.

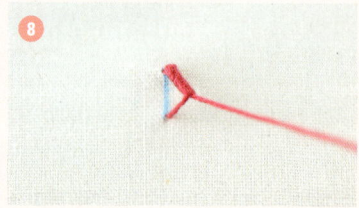

왼손을 떼어줌과 동시에 바늘을 아래쪽으로 천천히 조심스레 당겨주세요.

왼손으로 감긴 코일을 좌우로 굴리듯이 매만져줍니다.

흐트러진 모양이 없도록 스티치를 고르게 정돈해준 다음 2로 바늘을 넣어 마무리합니다.

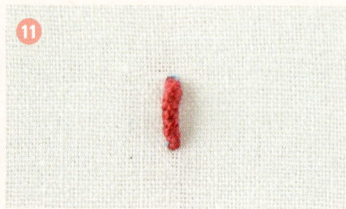

완성!

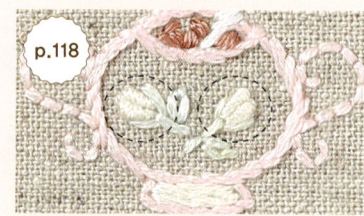

블리온 스티치 활용 예

❋ 블리온 링 스티치 *Bullion Ring Stitch*

블리온 스티치를 응용하여 작고 앙증맞은 링 모양을 만드는 스티치입니다.
팔랑거리는 나비의 날개나 작고 귀여운 열매를 표현하기에 안성맞춤이랍니다.

1에서 나와 바로 옆을 짧게 떠줍니다.

옆에서 설명한 블리온 스티치 ③~⑤ 과정을 따르되 실을 바늘에 훨씬 더 많이 감아줍니다.

Min's Tip...
코일의 길이는 원하는 대로 정하면 됩니다.

조심스럽게 바늘을 빼냅니다. 감긴 코일의 길이가 제법 길기 때문에 바늘을 빼낼 때 특별히 주의해야 한답니다.

남은 실이 코일의 안쪽으로 끝까지 밀려들어갈 수 있도록 천천히 실을 당겨줍니다.

원하는 모양의 링이 되도록 동그랗게 정돈해준 다음 원단 뒤로 바늘을 빼내어 마무리합니다.

완성!

완성된 링 스티치가 원단에서 붕 떠있는 것처럼 보이는 게 싫다면, 바늘을 링의 가운데로 빼낸 후 링 바깥쪽으로 넣어 고정해주면 됩니다.

블리온 링 스티치를 원단에 고정한 모습.

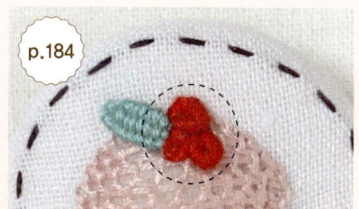
블리온 링 스티치 활용 예

✤ 블리온 로즈 스티치 *Bullion Rose Stitch*

블리온 스티치를 기분 좋게 완성해냈다면 이번에는 블리온 스티치로 장미를 표현해 볼 차례입니다. 지레 겁먹을 필요는 없어요. 장미 꽃잎이 자연스럽게 겹쳐진 모양을 떠올리면서 꽃의 중심 부분부터 블리온 스티치가 곡선을 이루도록 차근차근 수놓아가면 되니까요.

먼저 두 개의 블리온 스티치(p.54)를 딱 붙여 수놓습니다.

사진과 같이 아래쪽으로 바늘을 끼워 넣습니다.

두 개의 블리온 스티치가 감싸질 길이의 코일을 만들어야 합니다. 바늘에 실을 여유있게 감아주세요.

실을 오른쪽 방향 1로 천천히 당겨 아래쪽에 새 블리온 스티치가 놓이도록 하세요.

사진처럼 2로 바늘을 꽂아 아래쪽 블리온 스티치를 완성합니다.

이제부터는 이전 블리온 스티치와 1/3 길이만큼씩 겹쳐지도록 동그랗게 블리온 스티치를 이어나가세요.

Min's Tip...
장미 꽃잎의 크기가 점점 커지는 것을 감안하여 감는 횟수를 조금씩 늘려나갑니다.

마지막은 꽃잎의 안쪽으로 바늘을 넣어 마무리합니다.

완성!

p.184

블리온 로즈 스티치 활용 예

✽ 카우치드 트렐리스 스티치 *Couched Trellis Stitch*

넓은 면을 빠르고 쉽게 채울 때 아주 효과적인 스티치입니다. 가로선과 세로선이 교차되는 지점을 짧은 스트레이트 스티치로 고정하기만 하면 되거든요.

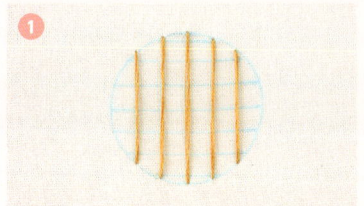

일정한 간격을 유지하면서 세로로 스트레이트 스티치를 수놓으세요.

①과 같은 간격으로, 이번에는 가로로 스트레이트 스티치를 수놓으세요.

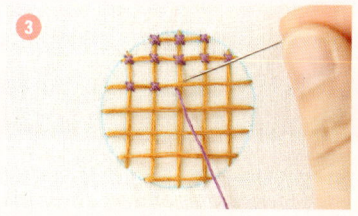

가로선과 세로선이 교차되는 지점마다 짧은 스트레이트 스티치로 고정해줍니다.

이렇게 십자 모양을 만들어주세요.

완성!

카우치드 트렐리스 스티치 활용 예

✳ 블랭킷 휠 스티치 *Blanket Wheel Stitch*

블랭킷 스티치(p.48)와 수놓는 방법은 같지만 직선이 아닌 동그란 외곽선을 따라 수놓아간다는 점이 다르답니다.

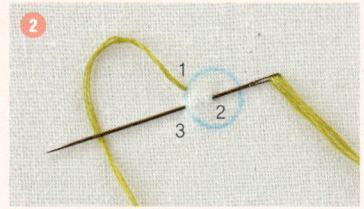

원하는 크기의 원을 하나 그리고 중심점을 표시하세요. 1에서 나와 실을 원의 바깥쪽에 두고 왼손 엄지로 눌러 잡으세요.

2(원의 중심)에서 3까지 동시에 한 땀 떠주세요.

바늘을 원 바깥쪽으로 쭉 당겨줍니다.

Min's Tip... 천을 돌려가며 수놓으면 편리해요.

②~③ 과정을 반복하면서 처음 스티치했던 부분까지 동그란 형태가 나오도록 수놓아가세요.

첫 땀을 뜬 지점까지 왔으면 그대로 고리 뒤로 바늘을 꽂아 넣어 마무리합니다.

완성!

블랭킷 휠 스티치 활용 예

❋ 하프 블랭킷 휠 스티치 *Half Blanket Wheel Stitch*

블랭킷 휠 스티치를 반만 수놓아 만들어가는 스티치입니다. 섬세하게 수놓아 아름다운 레이스 모티브를 만들어보세요.

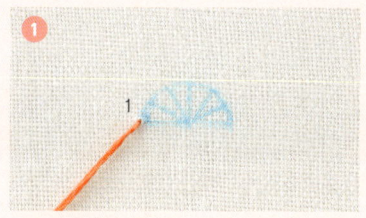

반달 모양의 반원을 사진처럼 그린 후 시작합니다. 반원의 왼쪽 바깥인 1에서 나옵니다.

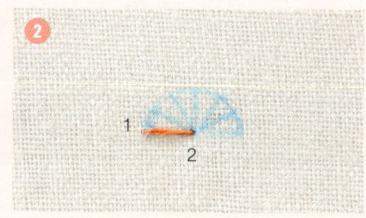

2(반원의 중심)로 바늘을 꽂아 스트레이트 스티치를 한 땀 수놓습니다.

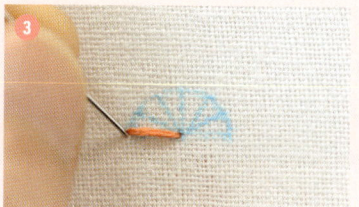

1과 같은 지점으로 다시 나옵니다.

2(반원의 중심)에서 3까지 동시에 한 땀 떠주고 반원의 바깥쪽으로 바늘을 쭉 당겨줍니다.

④ 과정을 반복하며 반원의 끝까지 수놓아가세요.

반원의 오른쪽 끝까지 다다랐으면 고리 뒤로 바늘을 꽂아 마무리합니다

완성!

하프 블랭킷 휠 스티치 활용 예

✲ 오픈 체인 스티치 *Open Chain Stitch*

체인 스티치(p.44)의 응용으로 주로 사다리, 기찻길, 액자 프레임 등의 모티브를 표현할 때 사용합니다.

1에서 나와 바늘을 2에서 3까지 대각선 방향으로 떠주세요.

그 상태에서 실을 바늘 끝에 걸어줍니다.

바늘을 대각선 방향으로 쭉 빼주세요.

실을 끝까지 잡아당기지 말고, 고리가 느슨하게 남아있는 상태에서 바늘을 4에 꽂으세요.

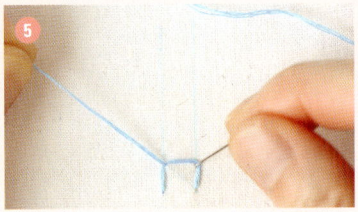

오른손으로는 바늘을 그대로 잡고, 왼손으로는 실을 잡고 끝까지 당깁니다.

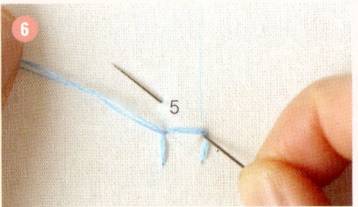

왼손은 실을 그대로 잡은 채 바늘을 5로 빼내 줍니다.

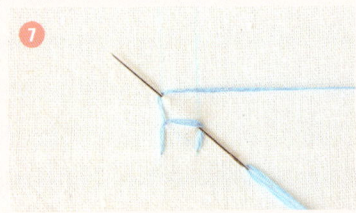

왼손으로 잡고 있던 실을 바늘 끝에 걸어줍니다.

Min's Tip...
두 모서리를 고정해 마무리해주세요

반복하여 오픈 체인 스티치를 이어 나갑니다. 마무리할 때에는 각 모서리의 바깥쪽에 바늘을 꽂아 원단 뒤로 빼내 줍니다.

완성!

오픈 체인 스티치 활용 예

❋ 체인 백 스티치 *Chain Back Stitch*

체인 스티치와 백 스티치가 결합된, 색다른 느낌을 주는 스티치입니다. 고급스러운 느낌의 액자 프레임에 활용하면 잘 어울려요.

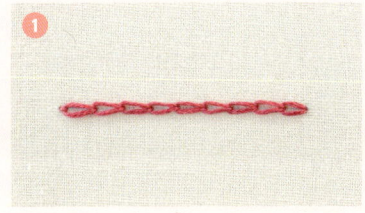

먼저 체인 스티치(p.44)를 한 줄 수놓으세요.

두 번째 체인 중간에서 나옵니다.

첫 번째 체인 중간에 바늘을 넣으면서 동시에 세 번째 체인 중간에서 나옵니다.

체인 백 스티치의 첫 땀이 완성되었습니다.

마지막 체인 백 스티치를 한 후에는 백 스티치처럼 바늘을 뒤로 한 땀 넣어주어 마무리합니다.

완성!

p.185

Min's Tip...
여기서는 백 스티치의 간격을 띄워 한층 더 멋을 부린 듯 체인 백 스티치를 수놓았습니다.

체인 백 스티치 활용 예

❋ 클로즈드 페더 스티치 *Closed Feather Stitch*

플라이 스티치와 비슷한 모양으로 두 줄 평행선 사이에서 아래쪽 방향으로 작업해나갑니다.

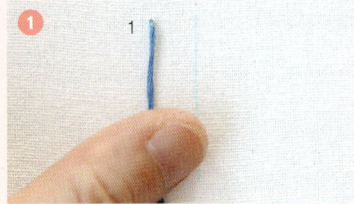

1에서 나와 실을 아래로 내려잡습니다.

바늘을 오른쪽 선에 맞춰 2에서 3으로 뺍니다. 이때 실은 바늘 아래에 있어야 해요.

실을 끝까지 당겨 조여줍니다.

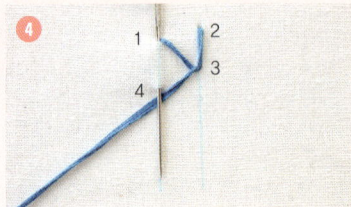

다시 바늘을 왼쪽 선에 맞춰 1에서 4로 뺍니다.

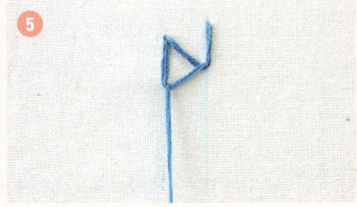

마찬가지로 실을 당겨 조여줍니다.

②~⑤와 같은 방식으로 좌우 번갈아가며 수놓아갑니다. 끝낼 때에는 고리 바깥쪽에 바늘을 꽂아 마무리합니다.

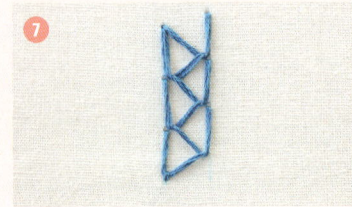

완성!

클로즈드 페더 스티치 활용 예

✤ 클로즈드 헤링본 스티치 *Closed Herringbone Stitch*

왼쪽에서 오른쪽으로 스티치하며 가장자리를 장식할 때나 모티브를 채울 때 주로 사용합니다.

> **Min's Tip...**
> 위치를 잘 확인하세요.

가로로 두 줄 가이드선을 그린 후 1로 나오세요.

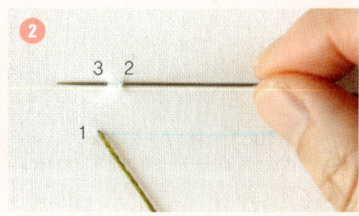

2로 들어가 3으로 나옵니다.

2에서 3까지 땀 길이의 두 배만큼 떨어진 4의 위치로 들어갑니다.

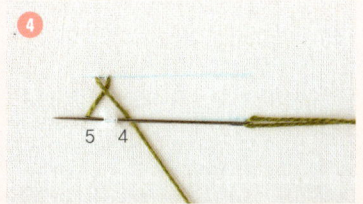

4로 들어가 5로 나옵니다.

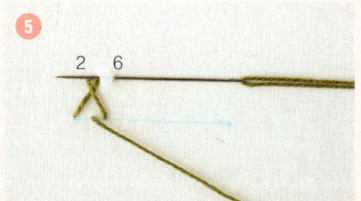

이제 6으로 들어가 다시 2로 나옵니다.

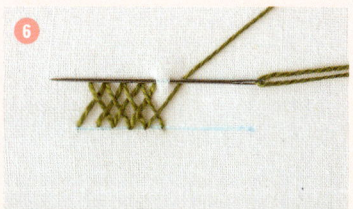

②~⑤를 반복하세요. 계속 일정한 간격을 유지한 채 서로 평행선이 되도록 촘촘하게 스티치합니다.

마지막 땀에서 바늘을 원단 뒤로 빼내어 마무리하면 완성!

p.185

클로즈드 헤링본 스티치 활용 예

✱ 저먼 넛 스티치 *German Knot Stitch*

자수에 질감을 더해주는 넛(매듭) 스티치 중 하나입니다. 프렌치 넛 스티치와는 또 다른 느낌의 이 저먼 넛 스티치는 처음에는 다소 어렵게 느껴질 수도 있지만 완성 후엔 여러분의 자수에 분명 색다른 느낌을 더해줄 거예요.

1에서 2로, 즉 가로로 짧게 스트레이트 스티치를 한 땀 수놓습니다.

3으로 나와 실을 밑으로 내린 다음 왼손 엄지로 실을 눌러 잡으세요. 바늘을 가로땀의 위에서 아래로 끼워 넣으세요.

바늘을 아래로 천천히 당기고 나서 다시 실을 왼손 엄지로 눌러 잡으세요.

Min's Tip...
이때 바늘 아래에 실이 놓이게 됩니다.

한 번 더 바늘을 가로땀의 위에서 아래로 끼워 넣으세요.

바늘을 아래로 천천히 당긴 후 4로 넣어 마무리합니다.

Min's Tip...
이때 바늘을 너무 세게 당기지 않도록 주의합니다.

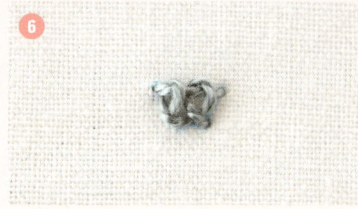

완성!

좀 더 작고 촘촘하게 만들어줘도 좋아요. 크기를 달리하여 수놓아보면 넛(매듭)의 질감을 느낄 수 있어요.

p.120

저먼 넛 스티치 활용 예

❈ 브레이드 스티치 *Braid Stitch*

풍성한 질감과 부피감을 자랑하는 브레이드 스티치는 제가 가장 좋아하는 스티치이기도 해요.
일정한 간격을 두고 수놓아도 예쁘고, 촘촘하게 수놓아도 그 아름답고 우아한 모습은 감출 수가 없답니다.

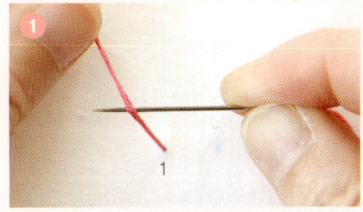
1(왼쪽 아래쪽 끝)에서 나옵니다. 왼손으로 실을 가볍게 잡은 다음, 바늘을 잡은 실의 아래쪽에 갖대댑니다.

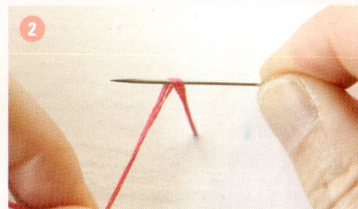
바늘에 실을 한 번 걸어줍니다. 걸기만 하세요. 감는 게 아닙니다.

그대로 바늘을 2에 꽂으세요. 이때 실은 느슨하게 바늘에 걸려있는 상태여야 합니다.

이제 왼손으로 잡고 있던 실을 조여서, 꼬인 고리 모양이 원단 위에 밀착되도록 합니다.

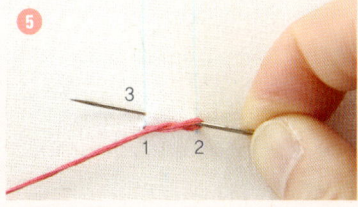
바늘을 비스듬히 눕히듯이 하여 3으로 반쯤만 빼주세요.

왼손으로 잡고 있는 실을 바늘의 아래에서 위로 단단히 걸어줍니다.

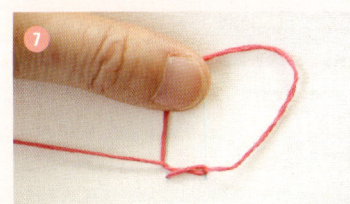
걸어준 실을 왼손 엄지로 누른 채 바늘을 그대로 쭉 당겨 빼줍니다.

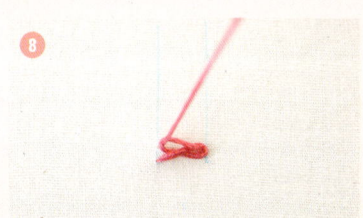
바늘을 수직으로 들어 올리면서 스티치가 간격 안에 딱 맞게 놓여지도록 정돈하여 줍니다.

②~⑧ 과정을 반복해 나갑니다.

끝낼 때는 스티치의 중간으로 들어가 마무리합니다.

완성!

브레이드 스티치 활용 예

STEP 3
볼륨감을 더해주는 입체 스티치 9

❋ 패디드 새틴 스티치 *Padded Satin Stitch*

수놓기 전 모티브 안쪽에 스트레이트 스티치를 성글게 수놓아 부피감을 주는 입체 새틴 스티치입니다.

> **Min's Tip...**
> 스티치의 결 방향은 최종 새틴 스티치의 방향과 직각이 되도록 하세요.

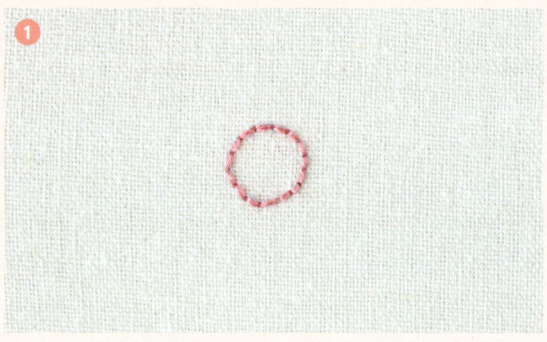

모티브의 외곽선을 먼저 백 스티치 또는 스플릿 스티치로 수놓으세요.

모티브 안쪽에 성글게 스트레이트 스티치를 합니다.

완성선을 덮듯이 새틴 스티치 합니다.

완성!

패디드 새틴 스티치 활용 예

✻ 레이즈드 스템 밴드 스티치 *Raised Stem Band Stitch*

멋진 질감과 함께 견고한 입체감까지 주는 이 스티치는 촘촘히 짜인 바구니나 나무껍질, 곤충의 몸통 등을 표현하기에 안성맞춤이랍니다.

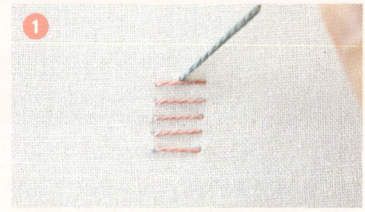

일정한 간격으로 일련의 스트레이트 스티치를 가로로 수놓으세요. 그 다음 첫 번째 가로땀의 중간에서 나옵니다.

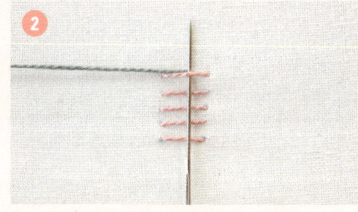

바늘을 아래에서 위로 끼우세요.

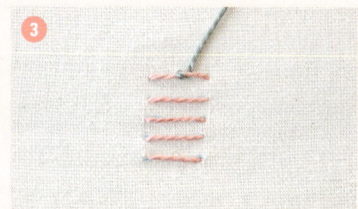

그대로 위쪽으로 쭉 당깁니다.

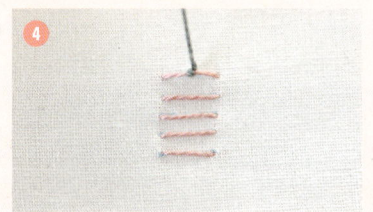

실이 원단과 수직이 되도록 하여 감은 실을 꼭 조여줍니다.

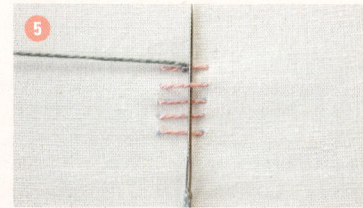

다시 실을 바늘의 왼편에 두고, 두 번째 가로땀의 아래에서 위로 바늘을 끼워 넣으세요.

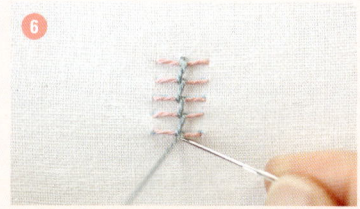

②~⑤를 반복하여 단의 끝까지 작업을 이어가세요. 마지막 단에서는 사진과 같은 위치에 바늘을 꽂아 원단 뒤로 빼냅니다.

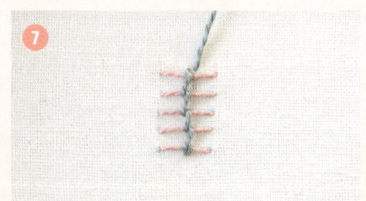

다시 사진과 같은 위치에서 바늘을 빼냅니다.

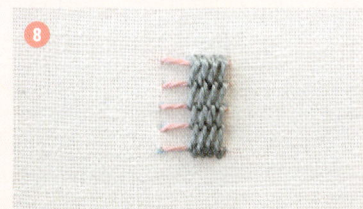

②~⑥ 과정을 반복하며 오른쪽을 채워갑니다.

이제 첫 단의 중심 바로 왼쪽에서 바늘을 빼냅니다.

②~⑥ 과정을 반복하며 왼쪽 부분도 역시 꼼꼼하게 채웁니다. 마지막 지점에서 바늘을 아래로 꽂아 마무리합니다.

완성!

p.147

레이즈드 스템 밴드 스티치 활용 예

✽ 레이즈드 스템 로즈 스티치 *Raised Stem Rose Stitch*

스템 스티치를 느슨하게 돌려가면서 수놓아 장미 모양을 만드는 스티치입니다.
조금만 연습하면 금세 입체감 있는 장미를 완성할 수 있어요.

장미의 중심이 될 위치에 먼저 프렌치 넛 스티치(p.40)를 해주세요.

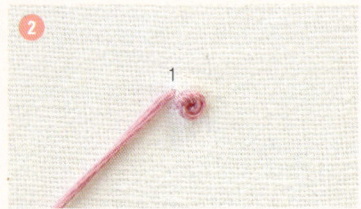
1에서 나옵니다.

실을 매듭 바깥쪽으로 놓고 2에서 3까지 한 땀 떠줍니다.

실을 천천히 당기되 느슨한 채로 둡니다.

또 다시 4에서 5까지 느슨하게 또 한 땀 떠주고 천천히 느슨하게 당깁니다.

이런 식으로 프렌치 넛 스티치 둘레를 감싸듯이 수놓아가세요.

Min's Tip...
스티치가 반복되며 자연스럽게 땀의 길이가 커져요

한 땀의 길이를 조금씩 늘려가면서 나선형으로 계속 수놓습니다.

원하는 장미 크기가 될 때까지 반복하여 수놓아 가다가 적당한 위치에서 바늘을 원단 뒤로 빼내어 마무리합니다.

완성!

p.153
레이즈드 스템 로즈 스티치 활용 예

✿ 트위스트 로즈 스티치 *Twist Rose Stitch*

자수실을 길게 두 번 접은 후 여러 번 꼬아 입체적인 장미를 표현해주는 스티치입니다. 여러 번 반복하여 연습하면 짧은 시간 안에 풍성하고 볼륨감 있는, 나만의 우아한 장미를 얻을 수 있답니다.

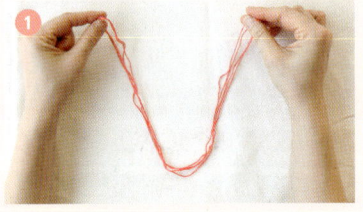

❶ 180cm 정도 길이의 자수실을 준비하세요. 그런 다음 자수실을 길게 두 번 접어 준비해둡니다(접힌 길이 약 45cm).

❷ 접힌 실 끝을 왼손으로 잡고, 오른손 검지를 사진과 같이 고리 부분에 끼워주세요.

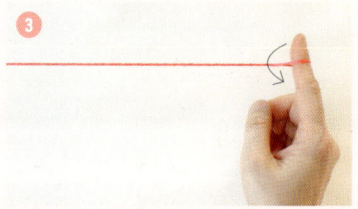

❸ 오른손 검지를 원을 그리듯 계속해서 돌려 실을 꼬아주세요.

❹ 충분히 꼬아졌다면 양쪽 실 끝을 한 손으로 모아 잡습니다.

Min's Tip...
이때 실이 저절로 꼬이는 게 보이실 거예요.

❺ 꼬임이 풀리지 않도록 실 끝을 한 번 매듭지어 주세요.

❻ 꼬인 실의 길이는 대략 18cm 정도가 됩니다.

❼ 바늘에 같은 색실을 2올 꿴 후, 꼬아준 실을 원하는 위치에 놓고 매듭진 부분부터 카우칭 스티치(p.47) 하듯이 고정해 나갑니다.

❽ 꼬아준 실을 계속 돌돌돌 말아가며 적당히 고정해줍니다. 고정하는 실이 겉에서 보이지 않도록 주의하며 작업해 나갑니다.

❾ 꼬아준 실이 다 말리면 예쁜 장미 모양이 나타납니다. 나만의 예쁜 장미를 피워내는 마음으로 중간중간 실을 예쁘게 정돈해주세요.

❿ 끝 부분까지 고정이 끝나면 바늘을 비스듬히 눕혀 원단 뒤로 빼내고 마무리합니다.

⓫ 완성!

p.136

트위스트 로즈 스티치 활용 예

✳ 우븐 피코 스티치 *Woven Picot Stitch*

레이즈드 리프 스티치 혹은 니들 위빙 스티치라고도 합니다.
입체적인 꽃잎이나 잎사귀를 표현하기에 매우 유용한 스티치랍니다.

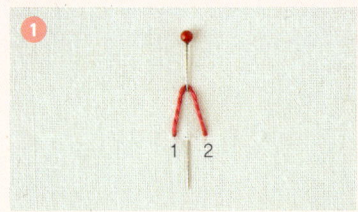

원단에 원하는 피코의 크기만큼 시침핀을 세로로 꽂으세요. 바늘을 1에서 빼고 시침핀을 둘러 2로 넣으세요.

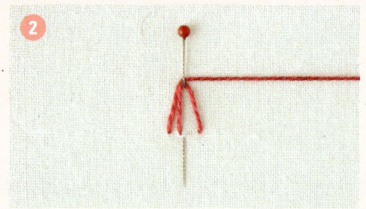

1과 2의 중간 지점에서 바늘을 빼서 다시 시침핀에 걸어주세요. 이제 기둥 세 개가 만들어졌습니다.

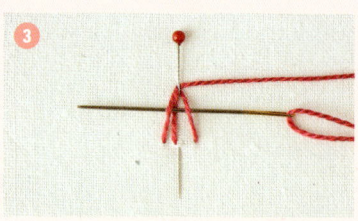

바늘로 천을 뜨지 않도록 주의하면서, 기둥 세 개를 아래-위-아래의 순서로 엮어주세요.

한 줄 엮고 난 다음엔 실을 위쪽으로 조이듯이 당겨줍니다.

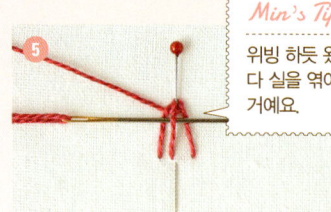

이번에는 반대 방향으로, 기둥 세 개를 위-아래-위의 순서로 엮어줍니다.

> **Min's Tip...**
> 위빙 하듯 왔다갔다 실을 엮어주는 거예요.

③~⑤ 과정을 계속 반복합니다. 실을 엮는 중간 중간 바늘을 위쪽 방향으로 밀어 올려 정리해주세요. 그래야 촘촘하고 예쁘게 만들어져요.

기둥 아래쪽 끝까지 위빙을 계속 해줍니다.

기둥이 안 보일 때까지 위빙을 한 후 바늘을 원단 뒤로 꽂아 마무리합니다.

시침핀을 제거하세요.

완성! 측면에서 바라보면 더욱 입체감이 느껴져요.

살짝 휘어주면 더욱 꽃잎 같은 모습이 돼요. 여러 개 만들어서 꽃이나 나뭇잎을 표현해보세요.

우븐 피코 스티치 활용 예

✸ 캐스트온 스티치 *Cast on Stitch*

바늘에 실을 돌돌 감아 코일을 만드는 블리온 스티치(p.54)와 달리, 뜨개질로 코를 잡듯 바늘에 고리를 만들어 거는 것이 특징인 스티치입니다.

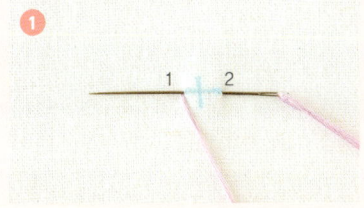

1에서 나와 2로 들어감과 동시에 다시 1로 바늘을 뺍니다. 이때 바늘을 완전히 빼지 말고 걸어두세요.

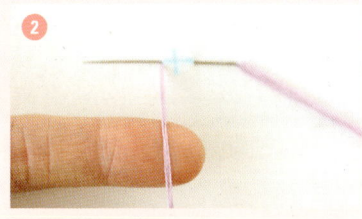

이 상태에서, 왼손 검지로 실을 들어 올리세요.

검지로 실을 한 번 꼬아 고리를 만드세요.

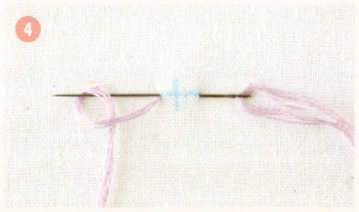

바늘 끝에 고리를 끼워 넣습니다.

실을 당겨 고리를 조여줍니다.

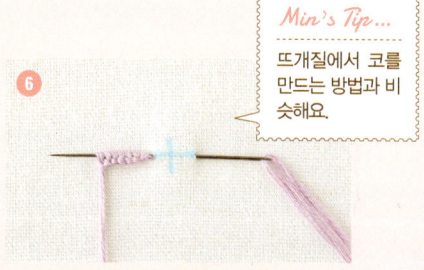

②~⑤를 반복하여 원하는 만큼 고리를 만들어주세요.

Min's Tip... 뜨개질에서 코를 만드는 방법과 비슷해요.

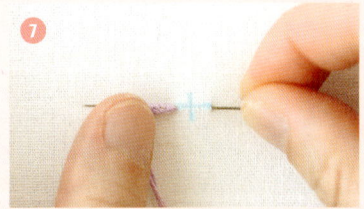

왼손으로 바늘을 누른 채 바늘을 앞으로 밀어내듯 쭉 빼내세요.

다시 반대쪽으로 실을 끌어당겨 모양을 정리해줍니다.

2로 바늘을 꽂아 넣어 마무리합니다.

완성!

Min's Tip... 고리를 많이 만들어 걸수록 휘어지는 모양이 만들어져요.

캐스트온 스티치 활용 예 (p.153)

❋ 디테치드 버튼홀 스티치 *Detached Buttonhole Stitch*

가장 대표적인 입체 기법이에요. 천은 뜨지 않고 실만을 엮어서 면을 구성하는 방법으로, 뜨개와 같은 느낌을 줍니다. 패딩 재료(펠트나 솜)를 넣어 볼륨감을 강조해주면 더욱 좋아요.

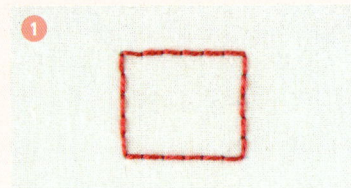

❶ 모티브의 완성선을 따라 먼저 백 스티치를 합니다.

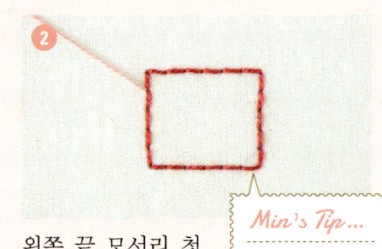

❷ 왼쪽 끝 모서리 첫 땀의 아래에서 바늘을 뺍니다.

Min's Tip... 알아보기 쉽도록 실색을 바꿔 스티치 했습니다.

❸ 가로 완성선 첫 땀의 위에서 아래로 바늘을 끼웁니다. 이때 실은 바늘 아래에 둡니다.

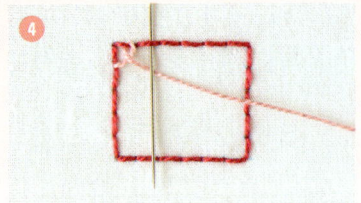

❹ 실을 당긴 후, 다음 땀도 같은 방식으로 떠줍니다. 단의 끝까지 반복합니다.

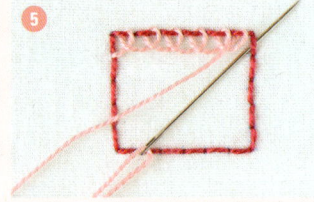

❺ 단의 끝까지 갔으면, 바늘을 오른쪽 세로 완성선의 첫 땀 아래로 끼워 넣습니다. 첫째 단이 완성되었습니다.

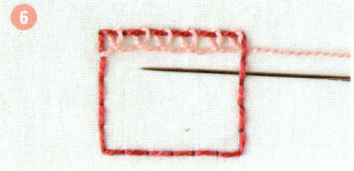

❻ 바늘을 다시 오른쪽 세로 완성선의 둘째 땀 아래에 끼웁니다.

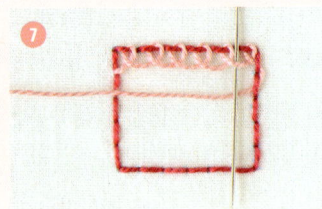

❼ 바늘을 쭉 빼준 후, 방금 완성한 위단(첫째 단)의 고리와 고리 사이로 바늘을 위에서 아래로 끼웁니다. 이때도 실은 바늘 아래에 있습니다.

❽ 실을 당겨주면 위단과 같은 고리 모양이 생깁니다. ⑦~⑧ 과정을 반복해 왼쪽 끝까지 스티치를 이어간 후, 왼쪽 세로 완성선 둘째 땀에 바늘을 끼워 둘째 단을 완성합니다.

❾ 다시 반대 방향으로 ③~⑥ 과정을 반복해 셋째 단을 만드세요.

⑩

넷째 단까지 완성했다면, 이제 마지막 단을 떠줄 차례입니다. 여기서 마무리 해도 되지만, 좀 더 볼륨감을 주고 싶다면 이 단계에서 패딩 재료(펠트나 솜)를 준비하세요.

⑪

알맞은 크기로 자른 펠트를 안쪽에 넣어줍니다.

⑫

이제 맨 아래 완성선까지 함께 떠줍니다.

⑬

첫 땀을 쭉 당겨주면 그물이 쫙 펴지듯 모양이 만들어집니다.

⑭

오른쪽 끝까지 반복하세요.

⑮

끝낼 때는 오른쪽 끝 모서리에 바늘을 꽂아 마무리합니다.

⑯

완성!

p.184

디테치드 버튼홀 스티치 활용 예

Min's Tip...
백 스티치 한 땀에 버튼홀 스티치를 두 개씩 해주어 크림 부분을 표현했어요.

코디드 버튼홀 스티치 *Corded Buttonhole Stitch*

디테치드 버튼홀 스티치(p.72)에 디테일이 좀 더 가미된 기법이에요. 좌우로 가로지르는 코드, 즉 심지실을 걸쳐서 함께 실을 엮어나가므로 좀 더 쫀쫀하고 튼튼한 느낌을 주는 것이 특징입니다.

1 모티브의 완성선을 따라 먼저 백 스티치를 합니다.

2 왼쪽 모서리 첫 땀의 아래에서 바늘을 빼고, 가로 완성선 첫 땀의 위에서 아래로 바늘을 끼웁니다. 그리고 실을 쭉 당겨줍니다.

Min's Tip... 알아보기 쉽도록 실색을 바꿔 스티치 했습니다.

3 ② 과정을 옆으로 옮겨 가며 계속하세요. 첫 단을 끝낸 후에는, 오른쪽 세로선 첫 땀 아래로 바늘을 끼워 넣습니다.

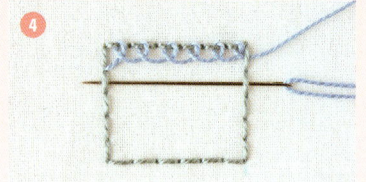

4 사진과 같이, 아래 땀으로 내려가 양쪽 모서리를 가로지르도록 바늘을 끼워 넣습니다.

5 가로로 길게 실이 걸쳐졌어요. 이렇게 걸쳐진 실을 '코드'라고 지칭합니다.

6 사진처럼 위단의 땀과 코드실 사이로 바늘을 끼워 넣으세요.

7 그대로 쭉 당겨줍니다. 둘째 단의 한 땀을 완성한 모습입니다.

8 이제 둘째 단 끝까지 ⑥~⑦ 과정을 반복한 후 세로선 둘째 땀 아래로 바늘을 끼워 넣습니다.

9 또 다시 한 땀 아래로 내려가 양쪽 모서리를 가로지르도록 바늘을 끼워 넣습니다(코드 걸치기).

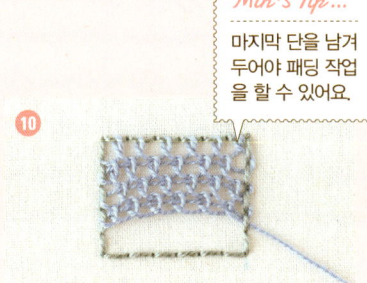
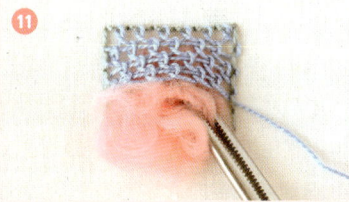

Min's Tip...
마지막 단을 남겨두어야 패딩 작업을 할 수 있어요.

⑩ 위와 같은 방식으로 단을 채워가세요. 단, 좀 더 볼륨감을 주고 싶다면 마지막 단은 남겨두세요.

⑪ 마지막 단을 남기고 스티치를 다 했으면, 안쪽에 준비한 패딩 재료(솜이나 펠트)를 적당히 넣어주세요.

⑫ 이제 마지막 단을 작업할 차례! 바로 위단의 실과 코드실, 그리고 맨 아래 완성선까지 함께 떠줍니다.

⑬ 오른쪽 끝까지 스티치를 이어갔으면 모서리 끝에 바늘을 꽂아 마무리합니다.

⑭ 완성!

p.158

코디드 버튼홀 스티치 활용 예

❋ 스미르나 스티치 *Smyrna Stitch*

원단 겉면에 실로 고리를 만들면서 수놓아가는 이 스티치는 '터키즈 넛 스티치'라고도 해요.
봉긋하게 솟아오른 꽃을 수놓을 때 효과적이며 실고리를 자르면 털실 방울처럼 아주 귀여운 모습이 됩니다.
면을 채울 때는 아래에서 위를 향해 좌우로 왕복하며 수놓습니다.

1로 나와 2로 넣으면서 원하는 길이만큼의 고리를 만듭니다.

3으로 나와 앞서 만든 고리 폭의 반 만큼인 4로 들어가면서 고리를 고정해줍니다.

다시 2 바로 옆인 5로 나옵니다.

6에 넣으면서 두 번째 고리를 만듭니다.

7로 나와 8로 들어가 고리를 고정합니다.

첫째 단이 완성되면 바늘을 살짝 윗부분에 꽂아줍니다.

이제 두 단에 걸쳐진 고리가 만들어졌습니다.

두 번째 단을 시작합니다. 고리의 왼쪽에서 바늘을 빼세요.

9에 바늘을 넣어 고정합니다. 아까와는 반대 방향으로 고리를 고정해주는 거예요.

10에서 바늘을 빼세요.

11로 바늘을 넣어 다시 고리를 만들어 줍니다. 이렇게 두 번째 단을 채워갑니다.

두 번째 단이 완성되었고, 마지막에 셋째 단으로 고리가 걸쳐진 모습입니다.

위와 같은 방식으로 모티브가 꽉 채워지도록 좌우를 왕복하며 스티치하세요. 마지막에 고정하는 지점에서 바늘을 뒤로 넣어 마무리합니다.

완성!

스미르나 스티치 활용 예

※ Special 1

새틴 스티치 잘 하는 노하우 7

면을 채우는 가장 대표적인 기법, 새틴 스티치! 가장 흔하게 쓰이는 기본 스티치 중 하나이지만, 의외로 많은 분들이 어려워 한다는 사실. 깔끔하고 아름다운 새틴 스티치를 하고 싶으세요? 그렇다면 다음의 몇 가지 중요한 포인트를 기억해두세요.
이것만 숙지해도 확연히 다른 새틴 스티치를 할 수 있을 거예요.

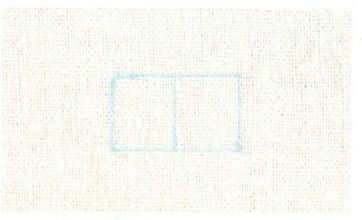

1. 수틀은 팽팽하게
기본 중의 기본. 아름다운 새틴 스티치를 원한다면 반드시 수틀에 원단을 팽팽하게 끼워놓고 수놓으세요. 원단이 느슨하게 끼워져 있으면 아무리 해도 예쁜 새틴 스티치를 수놓기 어려워요.

2. 등분 나누기
도안의 크기를 감안해, 스티치로 채울 면을 2등분 또는 3등분 하세요. 면을 작게 분할해서 채워야지, 한 번에 큰 면을 다 채우려다 보면 새틴 스티치가 결코 예쁘게 나오지 않아요.

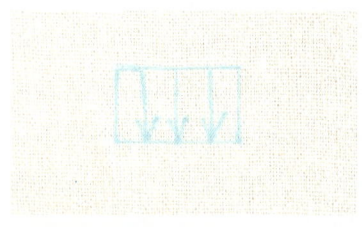

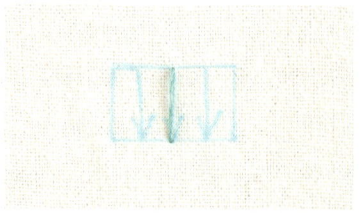

3. 결의 방향 정하기
수를 무작정 놓지 말고, 먼저 도안의 형태를 보고 그에 어울리는 자수결의 방향(가로, 세로, 사선)을 정하세요.

친절한 민쌤의 새틴 스티치 집중 탐구

4. 중심선을 기준으로 한쪽 면부터

도안을 분할한 중심선을 스트레이트 스티치로 한 땀 수놓은 다음,
그 선의 왼쪽 또는 오른쪽 면을 먼저 채우고 나머지 면을 채우세요.

(뒷면)

5. 다른 면으로 이동하는 방법

한쪽 면이 고르게 채워졌다면, 원단을 뒤집은 다음 바늘을 자수땀 사이로 통과시켜주세요.
그리고 다시 중심선 바로 옆으로 바늘을 빼낸 후 나머지 절반도 꼼꼼하게 채웁니다.

GOOD! NG!

6. 매끈한 결을 유지하려면

수놓고자 하는 자수실의 가닥수를 숙지하면서 새틴 스티치를 하세요. 이때 이전 땀과 많이 겹치지 않고 틈이 생기지 않도록 주의해야 매끈한 자수결이 유지됩니다.

7. 도안의 제일 바깥 지점에 바늘 꽂기

도안을 이루는 모든 선들은 저마다 굵기가 다르기 때문에, 선의 안쪽에 바늘을 찌르면 새틴 스티치를 완성한 후에도 선의 바깥 라인이 보여서 보기가 흉해요. 언제나 선의 제일 바깥 지점에 바늘을 넣고 빼야합니다. 그래야만 처음에 여러분이 원하던 그 도안의 크기와 모양 그대로 새틴 스티치가 놓여요. 새틴 스티치가 끝났을 때 도안의 선이 보이지 않아야 한다는 걸 반드시 기억하세요. 이것만 숙지해도 삐뚤빼뚤했던 새틴 스티치의 테두리가 깔끔하게 정리될 거예요.

✳ *Special 2*

아웃라인 스티치 잘 하는 노하우 6

깔끔하고 도톰한 선이 매력적인 아웃라인 스티치. 직선뿐만 아니라 곡선과 그 어떠한 복잡한 선도 부드럽게 표현할 수 있는 아주 유용한 기법이랍니다. 또한 면을 채울 때도 매우 효과적이지요.
하지만 깔끔한 아웃라인 스티치를 수놓기란 결코 쉽지 않죠.
자, 이제부터 아웃라인 스티치의 매우 중요한 포인트를 알려드릴게요.

GOOD! 실을 바늘 아래에 둔 경우
GOOD! 실을 바늘 위에 둔 경우
NG! 실을 위아래로 불규칙하게 둔 경우

1. 실은 한 방향으로

아웃라인 스티치를 할 때, 실은 방향이 일정해야 합니다. 항상 바늘의 아래에 두거나, 항상 바늘의 위쪽에 두어야 해요. 중간에 위아래로 들쭉날쭉 실이 이동하면 모양이 흐트러져요.
유럽에서는 실을 아래에 두고 하면 스템 스티치, 위에 두고 하면 아웃라인 스티치라고 한답니다.

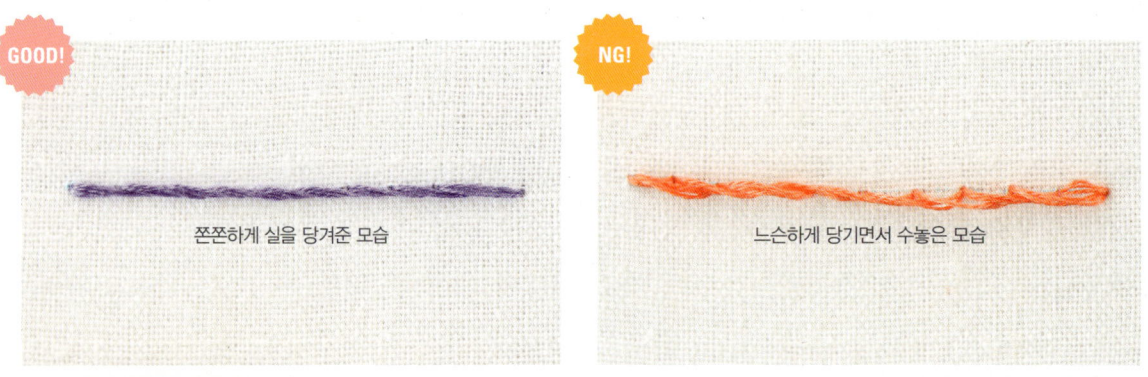

GOOD! 쫀쫀하게 실을 당겨준 모습
NG! 느슨하게 당기면서 수놓은 모습

2. 장력을 고르게 유지

또렷하고 깔끔한 선을 표현하기 위해서는 스티치가 원단에 착 밀착되어야 해요.
그러려면 일정한 힘으로 쫀쫀하게 실을 당겨주어야 해요.

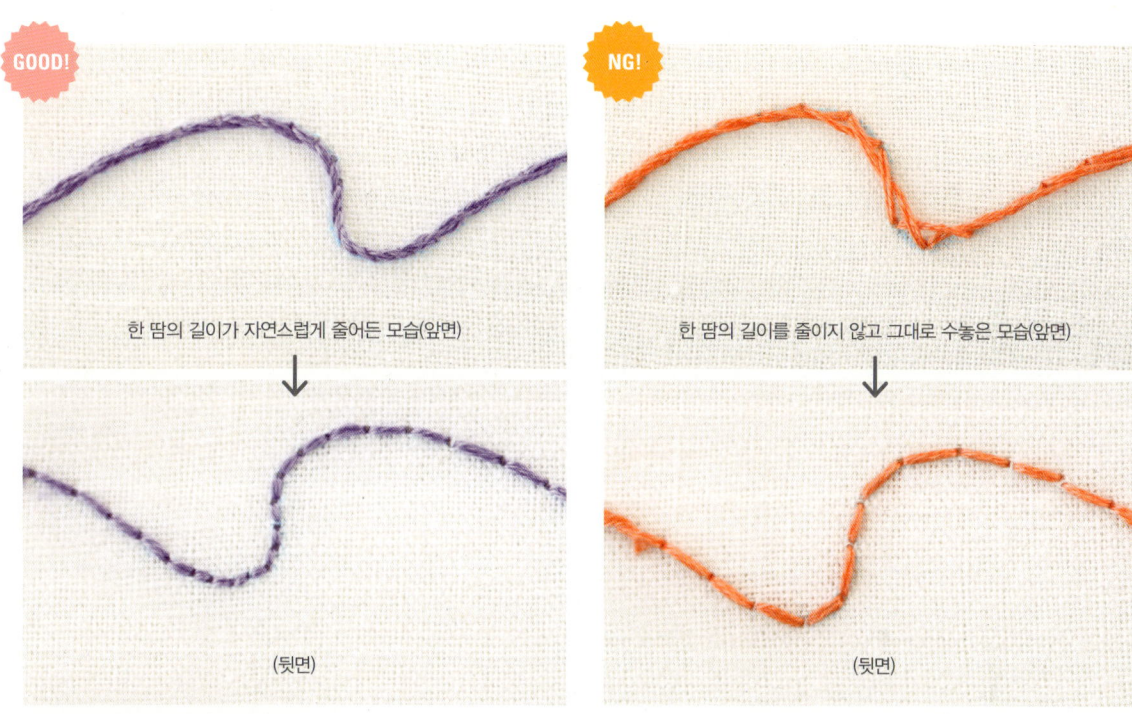

3. 곡선에서는 땀 길이 조절

직선 부분에서는 한 땀의 길이가 다소 길어도 무방하지만, 심하게 구부러지는 곡선일수록 미리미리 땀 길이를 줄여가면서 수놓아가세요. 즉 곡선이 시작되기 두세 땀 정도 전부터 미리 한 땀의 길이를 조금씩 줄여나가야 자수결이 자연스럽게 이어진답니다. 원단을 뒤집어서 백 스티치의 간격을 보면 땀 길이 변화를 한눈에 확인할 수 있어요.

✱ Special 2

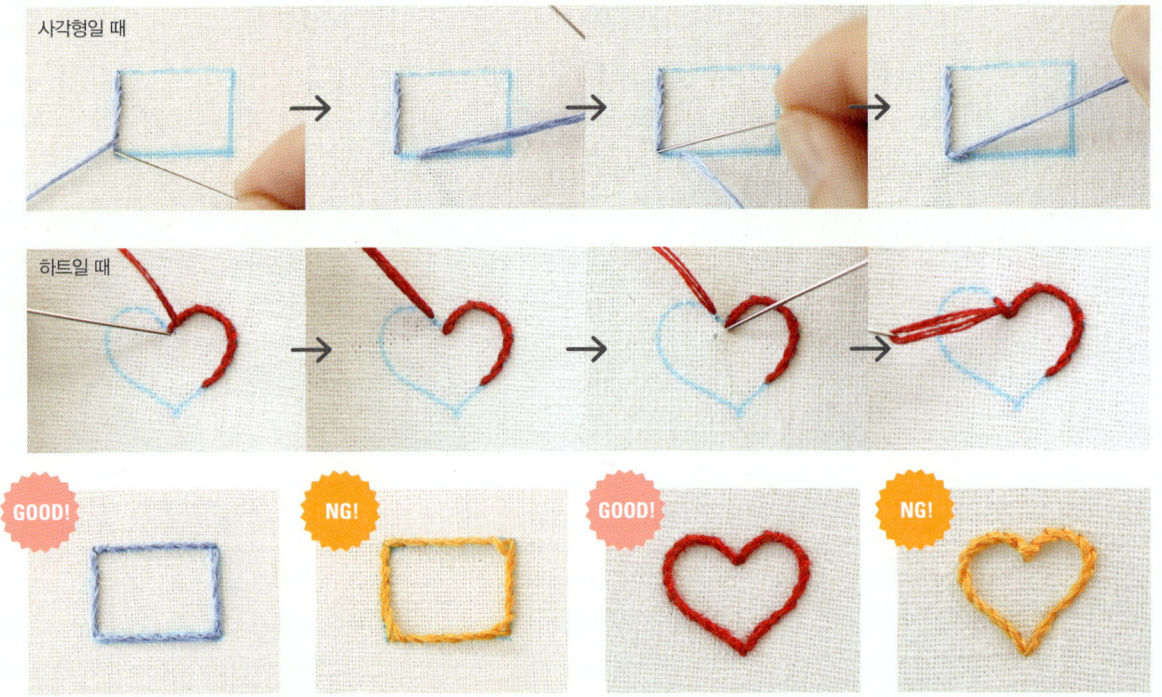

4. 모서리 깔끔하게 처리하는 방법
모서리 처리를 보면 아웃라인 스티치 실력을 단번에 알 수 있죠. 선이 꺾이는 지점에서
바로 다음 지점으로 넘어가면 안돼요. 지금까지 수놓아가던 방향과 반대 방향으로 한 땀을 수놓은 후
다시 원래대로 바늘을 뽑아 아웃라인 스티치를 이어나가세요. 그래야 모서리가 깔끔하게 정리됩니다.

친절한 민쌤의 아웃라인 스티치 집중 탐구

5. 인커브, 아웃커브 자연스럽게 하려면

도안을 이루는 선이 인커브일 때는 실을 항상 아래쪽으로 내려놓고 스티치합니다. 반대로 도안을 이루는 선이 아웃커브일 때는 실을 항상 위쪽으로 올려놓고 스티치하세요. 이렇게 하면 훨씬 더 자연스러운 자수결을 얻을 수 있답니다.

6. 아웃라인 스티치의 시작과 마무리

표현하고자 하는 스타일에 따라 시작과 마무리 방법을 선택하세요.
실의 굵기를 처음부터 끝까지 똑같게 표현하고 싶을 때는, 처음부터 반 땀씩 겹쳐지도록 스티치 합니다. 처음과 끝의 실 굵기를 가늘게 표현하고 싶을 때는, 한 땀의 중간 지점에서 시작하여 처음의 끝의 반 땀이 겹쳐지지 않도록 스티치합니다.

[일러두기]

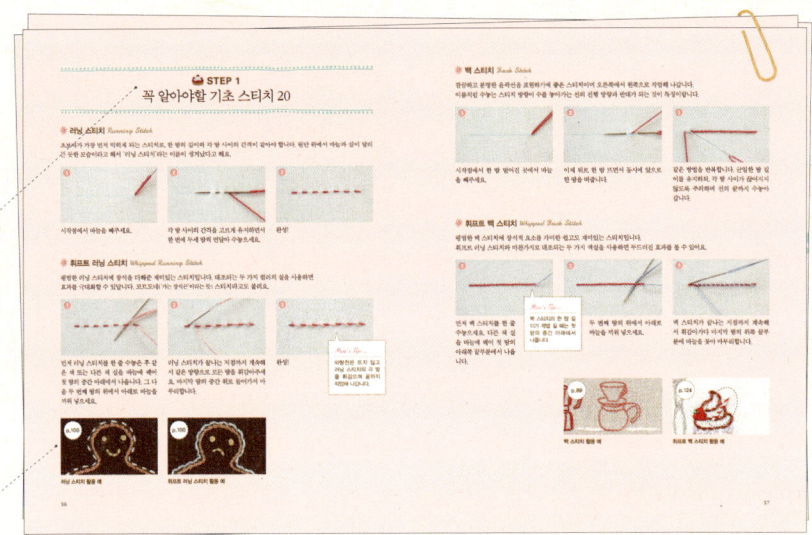

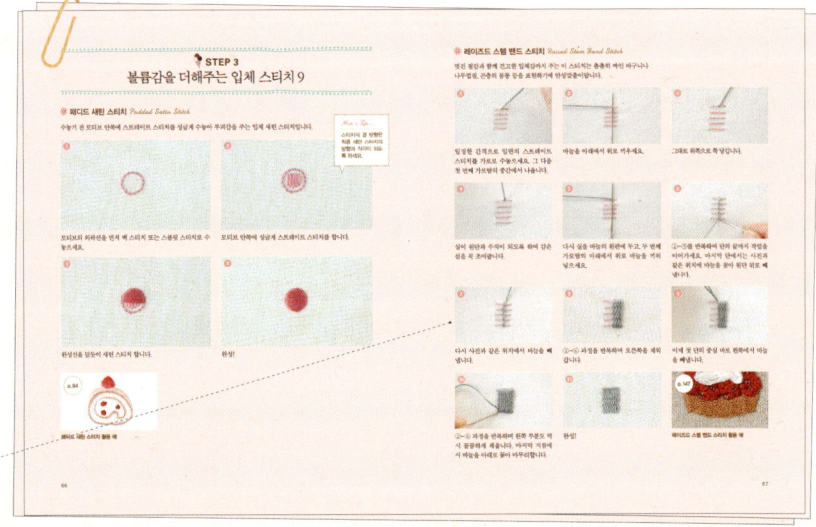

- 이 책에서는 가장 유용한 43가지 자수 기법을 3단계로 나누어 소개합니다.
- 1:1 레슨을 받듯 상세한 과정컷을 수록했기 때문에 혼자서도 쉽게 기법을 연습할 수 있습니다.
- 이 책에서 소개하는 입체 스티치만 기억해도 한층 차별화된 자수 작품을 만들 수 있습니다.
- 스티치를 실제로 자수 작품에 적용한 〈활용 예〉도 꼭 확인하세요.

- 각 작품에 사용한 패브릭과 실, 스티치를 표기했습니다.
- 실은 기본적으로 DMC 25번사를 사용했습니다. 그 외의 실을 사용했을 경우 별도로 표기했습니다.
- 수놓는 과정에 대해 설명이 필요할 경우 수놓는 과정컷을 게재했습니다.
- 각 도안에 표기된 사항들은 아래를 참고하세요.

ex 아웃라인 S 632(2) : 아웃라인 스티치 / DMC 25번사 / 632 컬러실 / 2올 사용
  프렌치 넛 S 3855(3×2) : 3855 컬러실 3올을 2번 감아 프렌치 넛 스티치 하기
  휘프트 러닝 S 3865(3) + 3840(2) : 3865 컬러실 3올로 러닝 스티치 한 후 3840 컬러실 2올로 휘감아주기
  카우칭 S 959(3/3) : 959 컬러실 3올을 밑실로 삼고 같은 색실 3올로 고정해주기
  스플릿 S 435(2) +4128(1) : 435 컬러실 2올과 4128 컬러실 1올을 섞어서 함께 바늘에 꿰어 스플릿 스티치 하기
  아웃라인 S 842(2), 839(1), 3865(3) : 제시된 색실들을 이용해 순서대로 아웃라인 스티치 하기
  ※ 〈,〉는 두 가지 이상 색실을 순서대로 이용하는 경우를, 〈+〉는 두 가지 이상 색실들을 섞어서 함께 사용하는 경우를 의미합니다.

Coffee Break*
커피 브레이크

달콤한 디저트 타임에 빼놓을 수 없는 커피!
우선 커피부터 준비해볼까요?

coffee break

사용한 패브릭
- 내추럴 베이지 하프리넨

사용한 실
- DMC 25번사
  : 304, 311, 347, 3328, 3865

활용되는 스티치
- 아웃라인 스티치
- 스트레이트 스티치
- 블랭킷 스티치
- 백 스티치

작품 사이즈
- 약 14×6.5cm

POINT
아주 쉽고 간단한 스티치로 완성할 수 있는 도안입니다. 워밍업 하는 느낌으로 가볍게 수놓아보세요.

아웃라인 S
347(2)

스트레이트 S
304(2)

블랭킷 S
304(2)

백 S
3328(2)

아웃라인 S
3865(3)

백 S
311(2)

coffee break

How to make

리넨에 도안을 옮겨 그린 후 맨 왼쪽의 드립포트부터 수놓습니다.

아웃라인 스티치를 곡선에 유의하면서, 드립포트의 바디 부분부터 수놓으세요.

물주둥이와 손잡이도 아웃라인 스티치로 수놓으면 드립포트 완성!

모카포트는 중심의 각진 부분부터 블랭킷 스티치로 수놓습니다.

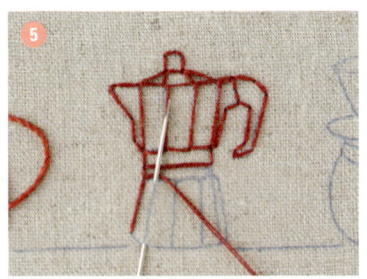

나머지 부분은 스트레이트 스티치로 쭉쭉 수놓아갑니다.

이제 백 스티치로 드리퍼와 서버를 수놓으세요.

바닥은 왼쪽에서부터 아웃라인 스티치를 하세요.

한 줄을 완성했으면, 리넨의 위아래를 뒤집어 같은 방향으로 아웃라인 스티치를 이어갑니다.

마지막으로 글씨는 백 스티치로 꼼꼼하게 수놓아 마무리합니다.

Petit Macaron*
쁘띠 마카롱

작고 사랑스러운 마카롱을 컬러별로 수놓아보세요.
새틴 스티치를 연습하기에 딱 좋은 아이들이랍니다.

사용한 패브릭
- 연핑크 하프리넨

사용한 실
- DMC 25번사
: 155, 165, 369, 437, 550, 554, 597, 601, 602, 738, 838, 922, 956, 957, 958, 963, 3064, 3341, 3371, 3608, 3782, 3812, 3823, 3840, 3855, 3859, 3889, 3891, 4124, B5200

활용되는 스티치
- 새틴 스티치
- 체인 스티치
- 아웃라인 스티치
- 백 스티치
- 스트레이트 스티치
- 레이지 데이지 스티치
- 프렌치 넛 스티치
- 플라이 리프 스티치
- 카우칭 스티치

작품 사이즈
- 약 10.5×13cm

POINT
마카롱 부분은 새틴 스티치, 크림 부분은 체인 스티치로 수놓습니다. 그리고 다른 기법을 조금씩 더해 디테일에 변화를 주세요.

※ 글씨는 백 스티치와 카우칭 스티치를 적절히 혼합하여 수놓으세요. 위쪽 두 줄은 3782(2), 아래 두 줄은 3064(2)를 사용했어요.

Roll Cake
롤케이크

부드러운 생크림이 꽉 찬 롤케이크 5종 세트.
아웃라인과 새틴 스티치 위주로 완성하는 작품입니다.
패디드 새틴 스티치로 도톰하게 생크림을 표현해주세요.

사용한 패브릭
- 화이트 하프리넨

사용한 실
- DMC 25번사
  : 107, 210, 434, 437, 676, 738, 761, 817, 839, 842, 954, 3078, 3341, 3713, 3865

활용되는 스티치
- 새틴 스티치
- 아웃라인 스티치
- 패디드 새틴 스티치
- 프렌치 넛 스티치
- 캐스트온 스티치

작품 사이즈
- 약 12×7cm

POINT

기본적으로 새틴, 아웃라인, 패디드 새틴 스티치를 이용해 롤케이크를 완성합니다. 그 외에 프렌치 넛 스티치나 캐스트온 스티치를 추가해 포인트를 주세요. 우선 새틴 스티치 부분부터 수놓은 후 아웃라인 스티치를 하세요. 깔끔하게 수놓지 못한 새틴 스티치 테두리 부분을 감출 수 있답니다. 롤케이크 아래에 레이스를 덧대주면 케이크 쇼케이스를 표현할 수 있답니다.

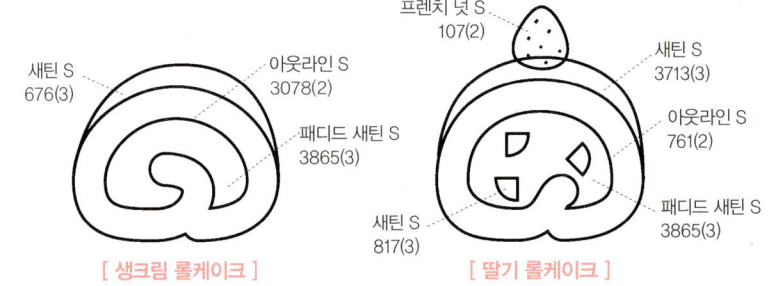

How to make

트레이싱지와 먹지를 이용해 도안을 리넨에 옮겨 그리세요.

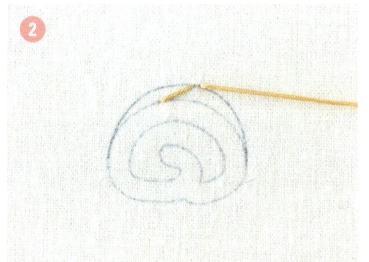

면은 새틴 스티치로 채웁니다. 먼저 2등분한 후 중심선을 한 땀 수놓으세요.

중심선을 기준으로, 왼쪽 또는 오른쪽을 새틴 스티치로 꼼꼼히 채워주세요. 저는 오른쪽부터 먼저 채웠습니다.

Tip. 이렇게 중심을 분할해 새틴 스티치를 해야 깔끔하고 예쁘게 면을 채울 수 있어요.

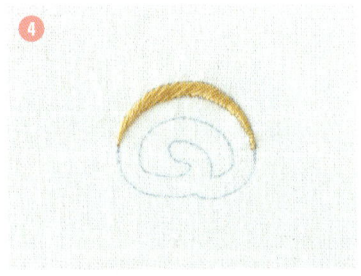

나머지 면도 새틴 스티치로 채워주세요. 자수결 방향이 동일하도록 신경쓰세요.

선 부분에 아웃라인 스티치를 해주세요.

자, 아웃라인 스티치가 완성되었습니다.

롤케이크의 생크림 부분에 패디드 새틴 스티치로 입체감을 줄 거예요. 우선 스트레이트 스티치를 몇 땀 수놓으세요.

그 위에 새틴 스티치를 덮듯이 꼼꼼하게 수놓아주면 생크림이 꽉 찬 듯 도톰한 입체감이 생겨요.

Tip. 그 외 딸기 롤케이크에는 프렌치 넛 스티치, 녹차 롤케이크에는 캐스트온 스티치로 포인트를 주세요. 초코 롤케이크는 연갈색, 짙은 갈색 실로 아웃라인 스티치를 해 돌돌 말린 초코를 표현해줍니다.

Gingerbread Man *

진저브레드맨

너무 귀여워서 깨물어주고 싶은 진저브레드맨 쿠키.
앙증맞은 표정이 포인트랍니다.
크리스마스 시즌용 장식품이나 선물에 활용해보세요.
물론 사계절 언제 수놓아도 사랑스럽기는 마찬가지지만요.

사용한 패브릭
- 초코색 하프리넨

사용한 실
- DMC 25번사
: 632, 3064, 3840, 3855, 3865

활용되는 스티치
- 아웃라인 스티치
- 백 스티치
- 프렌치 넛 스티치
- 러닝 스티치
- 새틴 스티치
- 스트레이트 스티치
- 플라이 스티치
- 휘프트 러닝 스티치

작품 사이즈
- 약 14×10cm

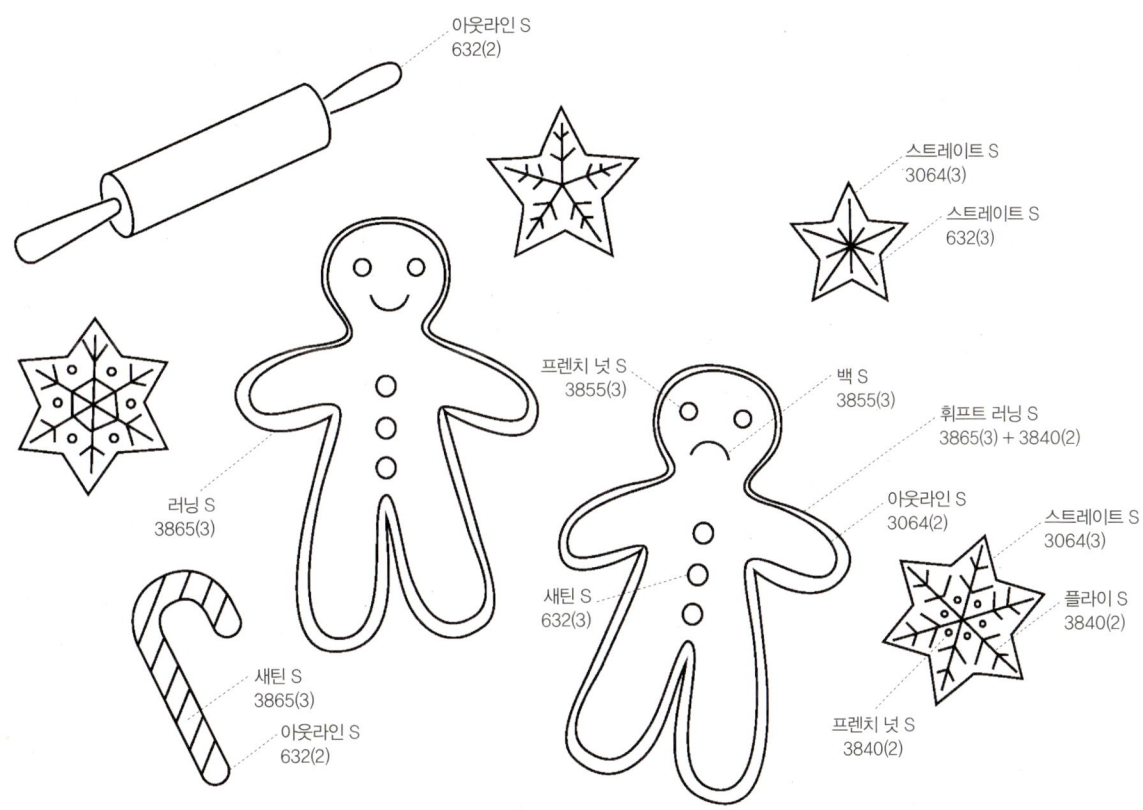

POINT 진저브레드맨의 완성은 표정! 눈은 프렌치 넛 스티치, 입은 백 스티치로 표정을 만들어주세요.

Doughnut & Doughnut*
아홉 가지 맛 도넛

선과 면, 둘 다 표현 가능하다는 것이 아웃라인 스티치의 매력이죠.
아웃라인 스티치의 매력을 만끽할 수 있는 아홉 가지 맛의 도넛을 만들어보세요.

사용한 패브릭
- 화이트 리넨

사용한 실
- DMC 25번사
: 107, 351, 436, 437, 445, 553, 604, 632, 676, 729, 760, 783, 796, 798, 801, 891, 907, 938, 955, 959, 996, 3821, 3845, Blanc, Ecru

활용되는 스티치
- 아웃라인 스티치
- 시드 스티치
- 스트레이트 스티치
- 카우칭 스티치
- 롱 앤 숏 스티치

작품 사이즈
- 약 11×10.5cm

POINT
아웃라인 스티치 위주로 작품을 완성합니다. 도넛의 전체적인 선과 아이싱은 아웃라인 스티치로 표현하고 그 외에 작은 토핑이나 디테일은 다른 기법을 활용해 표현해줍니다.

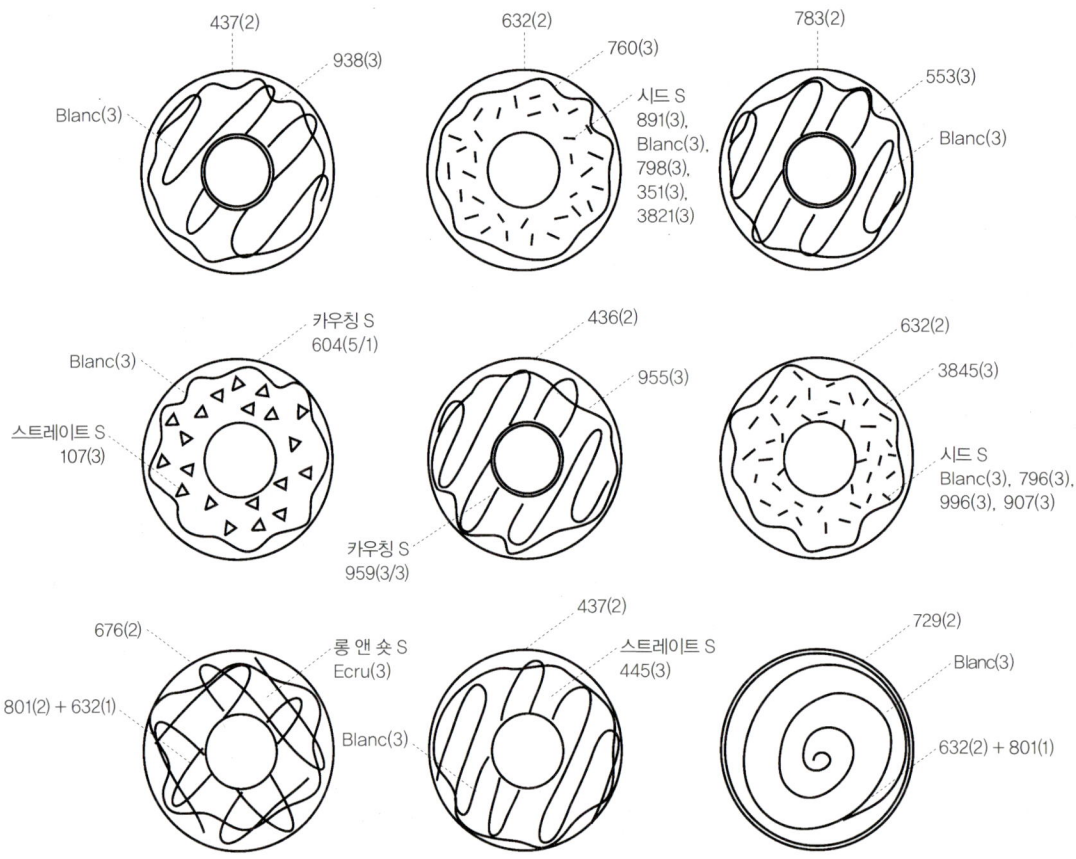

※ 별도로 기법이 표기된 것 외에는 모두 아웃라인 스티치입니다.

How to make

리넨에 도안을 옮겨 그리세요.

모든 도넛의 외곽과 안쪽 테두리는 아웃라인 스티치로 수놓습니다.

실 컬러를 바꿔, 도넛의 안쪽 라인도 아웃라인 스티치를 해주세요.

그 위에 올라가는 아이싱 역시 아웃라인 스티치로 수놓아줍니다.

실 컬러만 바꿔주면, ②~④의 방법으로 다른 맛의 도넛을 표현할 수 있어요.

아이싱 대신 작은 토핑을 올릴 때는 시드 스티치를 이용하세요.

색색깔로 실 컬러를 바꿔주면 음~ 맛있겠지요?

같은 방법으로 실 컬러를 바꿔주면 또 다른 맛의 도넛 완성!

민트 맛 아이싱은 카우칭 스티치로 표현해보세요.

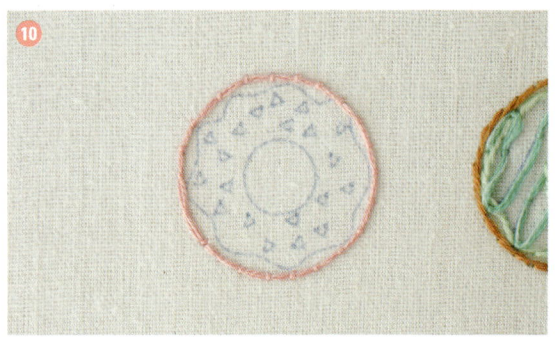

딸기 맛 도넛의 외곽 테두리는 카우칭 스티치로 수놓아보세요. 곡선이 잘 표현될 수 있도록 고정해주는 간격에 신경써야 합니다.

안쪽 테두리는 아웃라인 스티치, 달콤한 딸기 조각들은 스트레이트 스티치입니다.

이번에는 롱 앤 숏 스티치로 도넛의 윗면을 채워 보았습니다.

남은 부분은 아웃라인 스티치로 채워주었어요.

초코 시럽을 아웃라인 스티치로 구불구불하게 뿌린 듯이 수놓아주세요.

초코 맛을 좋아하는 분들은, 아웃라인 스티치로 그 위에 한 번 더 초코 시럽을 뿌려주세요.

다음 도넛은 성글게 스트레이트 스티치를 쭉쭉 수놓아 도넛의 윗면을 채우세요.

그 위에 아웃라인 스티치로 레몬 크림을 뿌려 마무리!

마지막 도넛은 아웃라인 스티치로만 채워 완성해볼게요. 외곽 테두리와 안쪽 라인을 먼저 수놓으세요.

여백 부분을 갈색 계열의 실로 아웃라인 스티치를 해서 채워주면 완성! 계피롤 맛의 도넛이에요.

Sweet Lettering*
달콤한 레터링

때로는 초콜릿이나 케이크보다 한 마디 말이 더 달콤할 때가 있지요.
케이크 위에 생크림으로 글씨를 쓰듯
부드럽고 달콤하게 레터링 자수를 완성해보세요.

사용한 패브릭
- 코코아 하프리넨

사용한 실
- DMC 25번사
: 151, Blanc

활용되는 스티치
- 아웃라인 스티치
- 프렌치 넛 스티치
- 레이지 데이지 스티치
- 카우칭 스티치

작품 사이즈
- 약 17×8cm

POINT

아웃라인 스티치를 활용하면 레터링 자수도 어렵지 않게 할 수 있어요. 콤마는 프렌치 넛으로, 짤주머니는 카우칭 스티치와 레이지 데이지 스티치로 수놓으세요.

아웃라인 S
Blanc(3)

프렌치 넛 S
Blanc(3)

레이지 데이지 S
151(5)

카우칭 S
151(5/1)

As always,
Sweet moments
come
suddenly

Ice Cream Cone*
아이스크림 콘

앙증맞은 아이스크림 콘에 사랑스러운 컬러를 채워주세요.

사용한 패브릭
- 크림 아이보리 리넨

사용한 실
- DMC 25번사
  : 211, 369, 437, 605, 760, 801, 840, 842, 894, 964, 3854
- DMC 8번사 : 211

활용되는 스티치
- 새틴 스티치
- 프렌치 넛 스티치
- 백 스티치
- 스트레이트 스티치
- 아웃라인 스티치
- 체인 스티치
- 러닝 스티치
- 카우칭 스티치

작품 사이즈
- 약 14.5×16.5cm

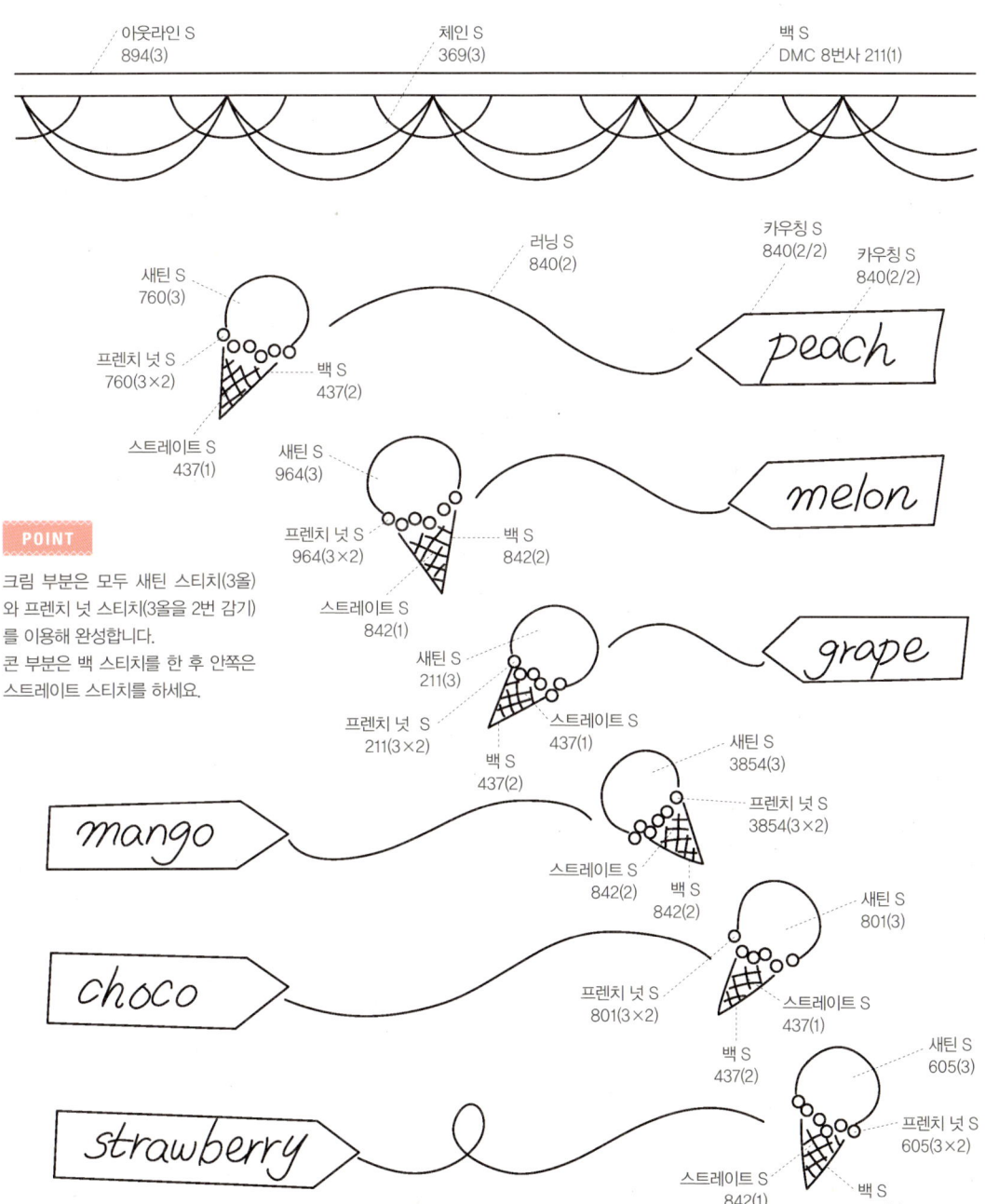

POINT

크림 부분은 모두 새틴 스티치(3올)와 프렌치 넛 스티치(3올을 2번 감기)를 이용해 완성합니다.
콘 부분은 백 스티치를 한 후 안쪽은 스트레이트 스티치를 하세요.

사용한 패브릭
- 내추럴 베이지 하프리넨

사용한 실
바게트 샌드위치
- DMC 25번사
: 310, 436, 701, 712, 726, 798, 3801, 3865, 4128

크루아상
- DMC 25번사
: 434, 3770, 3840, 4128

파네 수프
- DMC 25번사
: 436, 727, 739, 780, 4128
- Anchor 25번사
: 266

활용되는 스티치
- 스플릿 스티치
- 새틴 스티치
- 롱 앤 숏 스티치
- 스트레이트 스티치
- 아웃라인 스티치
- 레이지 데이지 스티치
- 시드 스티치

작품 사이즈
- **바게트 샌드위치** : 약 5.5×4cm
- **크루아상** : 약 6×5cm
- **파네 수프** : 약 3.3×2.3cm

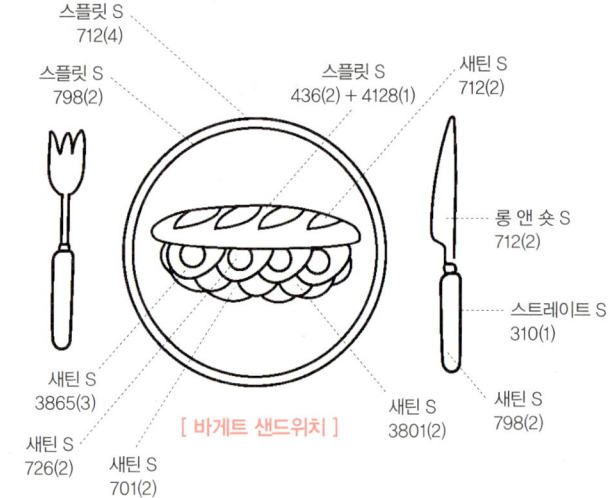

[바게트 샌드위치]

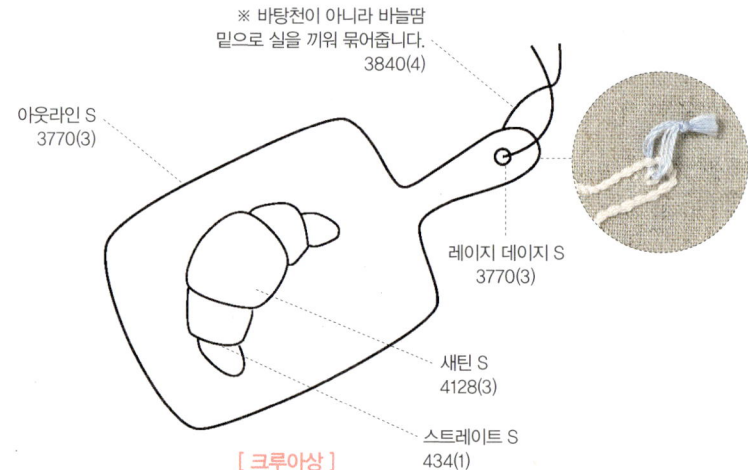

[크루아상]

POINT

빵의 질감을 표현하는 것이 포인트! 실 2가지를 섞어 스플릿 스티치를 해줘도 좋고, 베리에이션 실을 이용해 새틴 스티치를 해줘도 먹음직스런 빵의 질감을 표현할 수 있답니다.

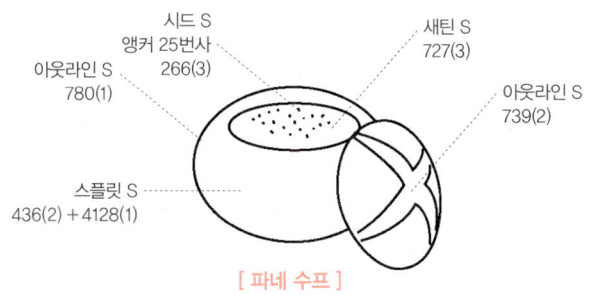

[파네 수프]

How to make

1. 리넨에 도안을 옮겨 그린 후 접시 둘레를 따라 흰색 실과 파란색 실로 스플릿 스티치를 합니다.

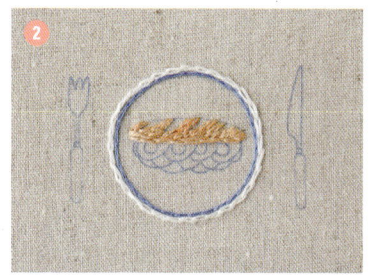
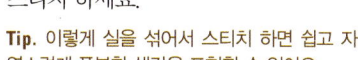

2. 이제 바게트의 몸통 부분을 수놓습니다. 제시된 두 가지 색실을 섞어 스플릿 스티치 하세요.

Tip. 이렇게 실을 섞어서 스티치 하면 쉽고 자연스럽게 풍부한 색감을 표현할 수 있어요.

3. 빵 위의 칼집 부분은 새틴 스티치로 채워주세요. 아래쪽의 달걀은 우선 흰자들만 모두 가로결로 새틴 스티치로 채워주세요.

4. 흰자 새틴 스티치 위에 노른자를 새틴 스티치로 수놓아주세요. 이때 결은 사선 방향이 되게 하세요.

5. 식욕을 돋우는 토마토와 신선한 상추 역시 새틴 스티치로 채워주세요.

6. 포크와 나이프의 테두리는 검은색 실 1올로 가볍게 스트레이트 스티치 합니다.

7. 롱 앤 숏 스티치로 포크와 나이프의 윗면을 채워줍니다.

8. 포크와 나이프의 손잡이 부분을 새틴 스티치로 길게 채워줍니다.

9. 마지막으로 손잡이 연결 부위에 짧게 두 땀 스트레이트 스티치를 하면 끝!

Afternoon tea*
애프터눈티

오후 4시의 애프터눈티. 체리가 듬뿍 올라간 케이크와 홍차, 그리고 우아한 시간에 빠질 수 없는 이름 모를 꽃까지……. 아, 생각만 해도 향긋하네요.

사용한 패브릭
- 내추럴 베이지 하프리넨

사용한 실
- DMC 25번사
  : 151, 435, 445, 743, 762, 780, 817, 943, 955, 956, 1352, 3078, 3859, 3865, 4066, Ecru
- Anchor 25번사
  : 1352

활용되는 스티치
- 스트레이트 스티치
- 프렌치 넛 스티치
- 아웃라인 스티치
- 블랭킷 스티치
- 스플릿 스티치
- 레이지 데이지 스티치
- 새틴 스티치
- 백 스티치
- 블리온 스티치
- 플라이 스티치

작품 사이즈
- 약 14×7cm

POINT 케이크 위의 체리는 프렌치 넛 스티치로 표현합니다. 실 6올을 2번 감아서 당겨주는데, 이때 느슨하게 당겨야 과실의 풍성한 느낌이 잘 표현돼요.

Eclair*
에클레어

마카롱과 함께 프랑스 디저트의 대표라 할 수 있는 에클레어.
프랑스어로 '번개'라는 뜻인데,
'너무 맛있어서 번개처럼 먹는다'는 의미라네요.

사용한 패브릭
- 크림 베이지 하프리넨

사용한 실
- DMC 25번사
: 300, 321, 433, 436, 437, 469, 605, 738, 780, 898, 3064, 3328, 3371, 3743, 3832, 3840, 3865, E3821

활용되는 스티치
- 새틴 스티치
- 프렌치 넛 스티치
- 패디드 새틴 스티치
- 아웃라인 스티치
- 시드 스티치
- 스트레이트 스티치
- 저먼 넛 스티치
- 하프 블랭킷 휠 스티치
- 레이지 데이지 스티치
- 스파이더 웹 로즈 스티치

작품 사이즈
- 약 10.5×6cm

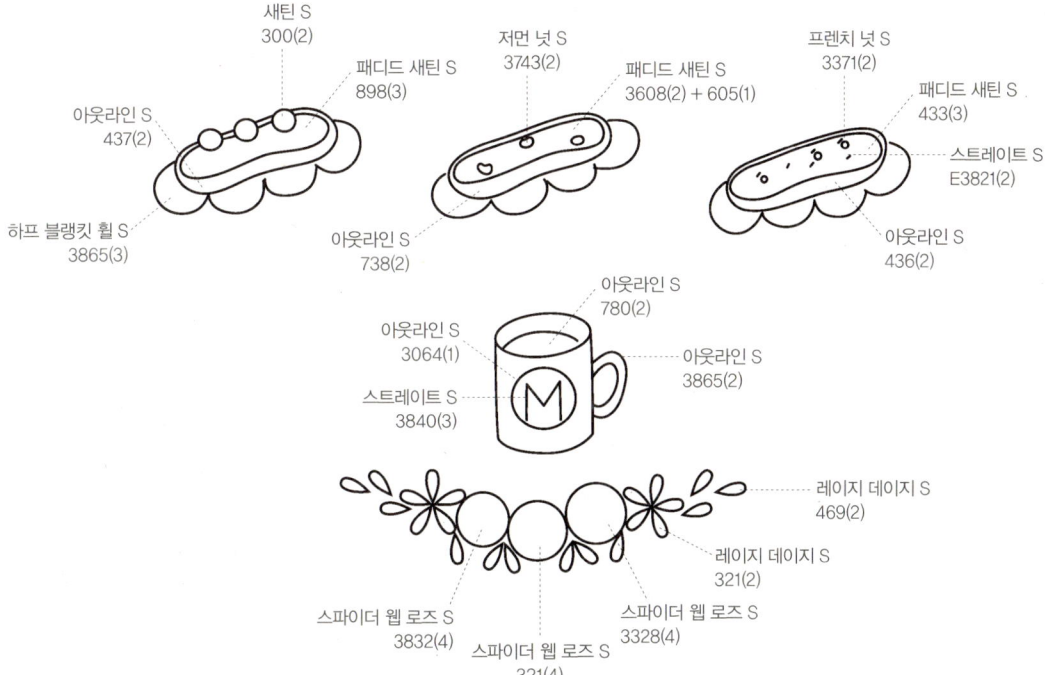

POINT 에클레어는 먼저 패디드 새틴 스티치로 볼륨감을 표현해준 다음 아웃라인 스티치로 나머지 면을 채워주세요.

Cake Stand*
케이크 스탠드

컵케이크가 총총 놓인 은제 케이크 스탠드예요.
은사 특유의 은은한 반짝거림이
자수에 특별함을 더해준답니다.

POINT 먼저 컵케이크들을 다 수놓은 후 마지막에 은사(E168)로 작업하세요. 은사는 다루기가 까다롭기 때문에 실 왁스로 실 양쪽 끝을 코팅해준 후 사용하세요. 은사 같은 메탈릭사들은 보통의 면사보다 짧게, 대략 30cm 이하로 잘라 사용합니다.

사용한 패브릭
- 크림 아이보리 리넨

사용한 실
- DMC 25번사
: 166, 168, 211, 349, 352, 415, 436, 451, 552, 553, 632, 742, 743, 780, 798, 814, 817, 893, 939, 958, 963, 701, 3012, 3340, 3609, 3770, 3812, 3830, 3845, 3855, 3859, 4075, 4190, Blanc, E168

활용되는 스티치
- 백 스티치
- 새틴 스티치
- 시드 스티치
- 아웃라인 스티치
- 스트레이트 스티치
- 프렌치 넛 스티치
- 휘프트 백 스티치
- 번들 스티치
- 레이지 데이지 스티치
- 레이즈드 스템 로즈 스티치

작품 사이즈
- 약 9×11.5cm

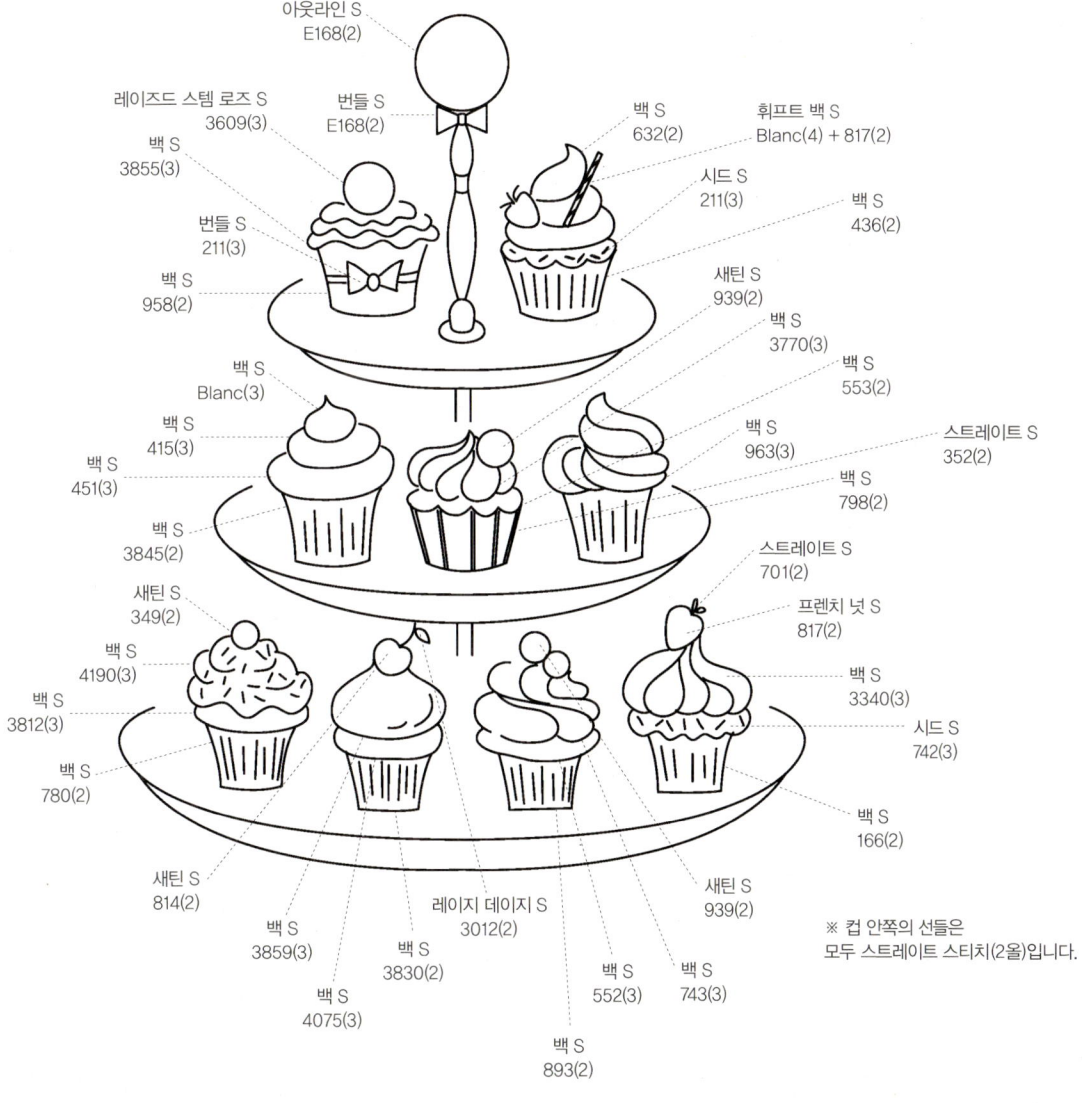

※ 컵 안쪽의 선들은 모두 스트레이트 스티치(2올)입니다.

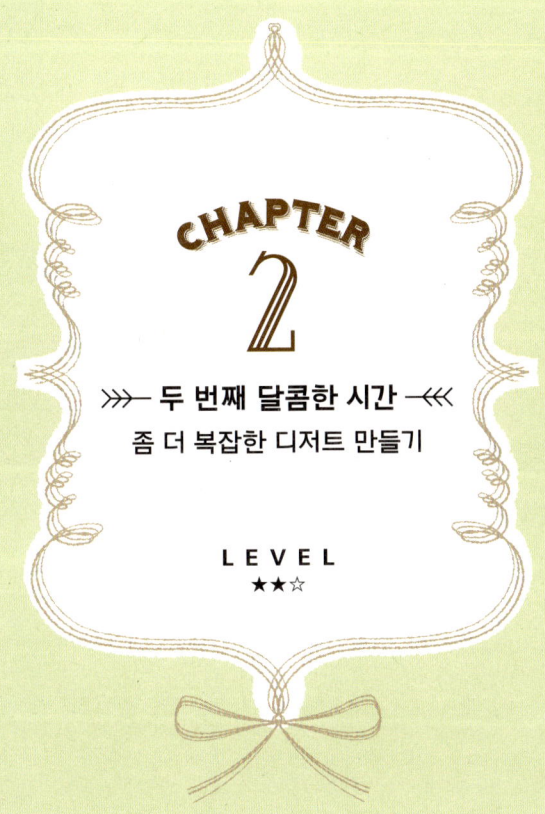

Macaron*
마카롱

이번에는 쁘띠 마카롱보다 좀 더 크고
도톰한 마카롱을 만들어볼까요?
입체 스티치 기법을 활용해 유니크하고
사랑스러운 마카롱을 수놓아보세요.

사용한 패브릭
- 화이트 리넨 밴드

사용한 실
- DMC 25번사
: 208, 518, 601, 727, 956, 964, 3609, 3823, 3854, 3859, 3890, Blanc

그 외 재료
- 방울솜

활용되는 스티치
- 체인 스티치
- 코디드 버튼홀 스티치

작품 사이즈
- 약 21×3cm

POINT

코디드 버튼홀 스티치로 마카롱을 도톰하고 사랑스럽게 표현해주는 것이 포인트! 먼저 테두리에 백 스티치를 고르게 해준 후 코디드 버튼홀 스티치를 해야 마카롱이 예쁘게 완성된답니다.

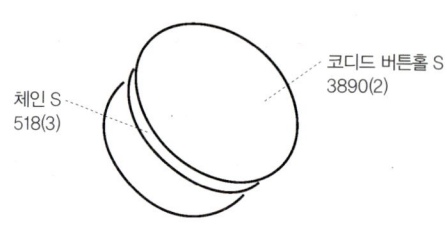

체인 S 518(3) / 코디드 버튼홀 S 3890(2)

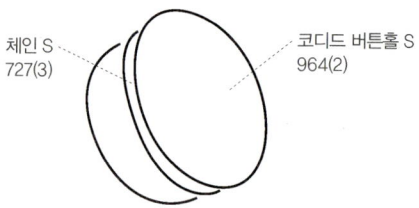

체인 S 727(3) / 코디드 버튼홀 S 964(2)

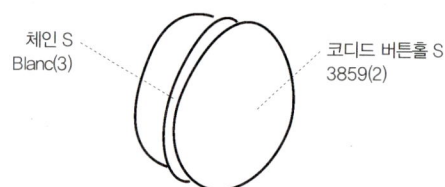

체인 S Blanc(3) / 코디드 버튼홀 S 3859(2)

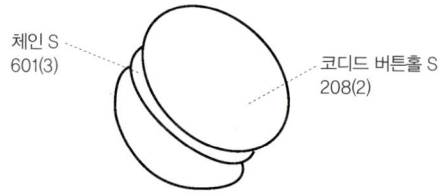

체인 S 601(3) / 코디드 버튼홀 S 208(2)

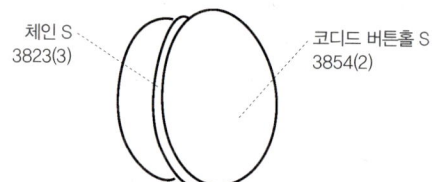

체인 S 3823(3) / 코디드 버튼홀 S 3854(2)

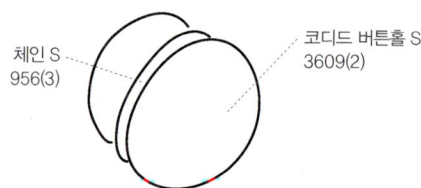

체인 S 956(3) / 코디드 버튼홀 S 3609(2)

How to make

리넨에 마카롱 도안을 옮겨 그리고 백 스티치로 마카롱의 테두리를 수놓습니다.

스티치를 시작할 땀의 개수와 단의 개수를 정해 사진과 같이 표시해줍니다. 저는 6땀으로 시작해서 총 7단으로 코디드 버튼홀 스티치를 해볼게요.

우선 시작점에서 바늘을 빼고 버튼홀 스티치를 하세요.

마지막 여섯 번째 백 스티치의 한 땀 아래로 바늘을 끼워 빼냅니다.

다시 이전 땀의 바로 아래로 바늘을 끼워 넣으세요.

사진처럼 바늘을 통과시켜 첫 단의 코드를 걸어주세요. 땀의 수를 점차 늘려 나가야 하므로 코드를 느슨하게 걸어주세요.

이제부터 걸쳐진 코드까지 함께 엮어서 버튼홀 스티치를 하세요.

단의 끝까지 스티치를 이어간 후 바늘을 사진처럼 빼내주세요.

다시 코드를 걸어주기 위해 한 땀 아래로 바늘을 끼워 넣습니다.

⑥~⑧ 과정을 반복하여 맨 마지막 단까지 코디드 버튼홀 스티치를 하세요. 이제 도톰한 부피감을 주기위해 방울솜을 준비합니다.

Tip. 땀의 개수는 도안의 형태에 따라 늘어날 수도 줄어들 수도 있어요.

볼록한 느낌이 잘 살도록 방울솜을 적당량 넣어주세요.

솜이 밀려나오지 않도록 주의하면서 감침질하듯 꿰매주세요.

마지막 땀까지 꿰맨 다음, 땀과 땀 사이로 바늘을 넣어 마무리합니다.

아래쪽도 위와 마찬가지로 코디드 버튼홀 스티치를 합니다.

아래위 모두 코디드 버튼홀 스티치로 완성되었습니다.

마지막 체인 스티치로 마카롱의 크림을 표현해줍니다.

도톰한 입체 마카롱 완성!

Choco Ball*
초코볼

동글동글 달콤한 초코볼!
볼록한 입체감이 매력 포인트랍니다.

사용한 패브릭
- 내추럴 베이지 하프리넨

사용한 실
- DMC 25번사
: 301, 632, 838, 3857, 3865, 4066, 4140, Blanc, E3821

그 외 재료
- 방울솜

활용되는 스티치
- 스트레이트 스티치
- 백 스티치
- 아웃라인 스티치
- 시드 스티치
- 코디드 버튼홀 스티치

작품 사이즈
- 약 7.5×11cm

POINT
코디드 버튼홀 스티치로 초코볼을 수놓은 다음 방울솜을 넣어 입체감을 살려줍니다.

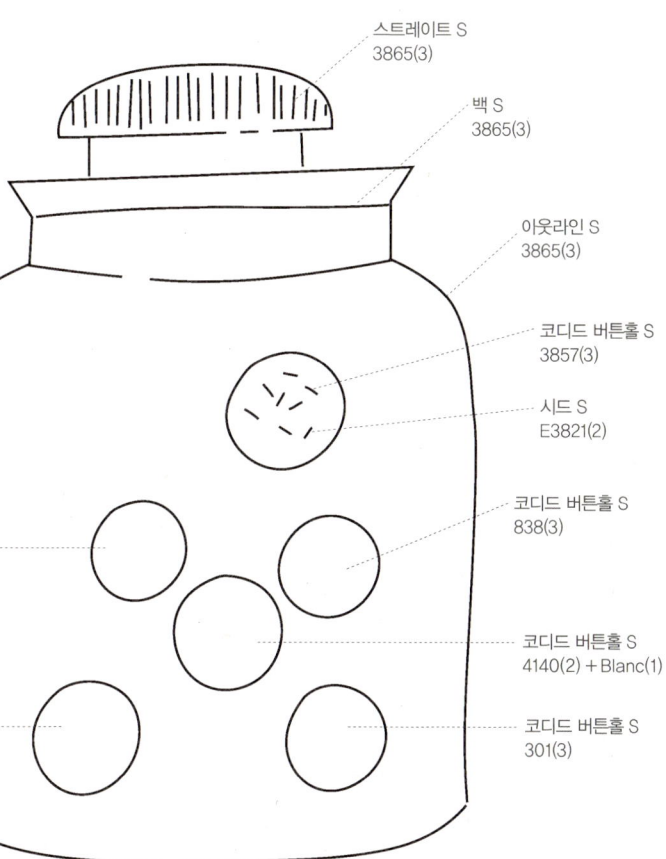

스트레이트 S
3865(3)

백 S
3865(3)

아웃라인 S
3865(3)

코디드 버튼홀 S
3857(3)

시드 S
E3821(2)

코디드 버튼홀 S
838(3)

코디드 버튼홀 S
4140(2) + Blanc(1)

코디드 버튼홀 S
301(3)

코디드 버튼홀 S
4066(3)

코디드 버튼홀 S
632(3)

Cupcake*
컵케이크

볼록한 모양의 입체 컵케이크.
스윗한 컵케이크를 만들어보세요.

사용한 패브릭
- 내추럴 베이지 하프리넨

사용한 실
- DMC 25번사
: 155, 340, 369, 603, 722, 738, 739, 760, 762, 819, 840, 844, 959, 3078, 3747, E211, E818, Blanc

활용되는 스티치
- 체인 스티치
- 백 스티치
- 러닝 스티치
- 아웃라인 스티치
- 스트레이트 스티치
- 트위스트 로즈 스티치
- 트위스트 레이지 데이지 스티치

작품 사이즈
- 약 14×18cm

POINT
각각 다른 형태의 프레임을 수놓아 입체 컵케이크에 우아함을 더해보세요.

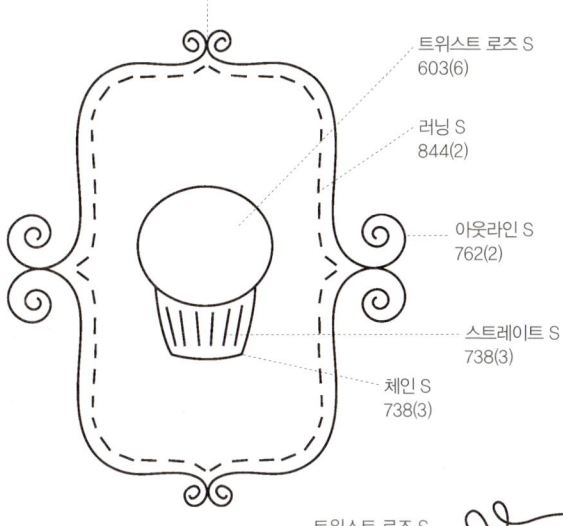

※ 아웃라인 스티치 하다가 백 스티치로 바꾸세요.

트위스트 로즈 S 603(6)
러닝 S 844(2)
아웃라인 S 762(2)
스트레이트 S 738(3)
체인 S 738(3)

트위스트 로즈 S 340(6)
체인 S 155(1)+E211(1)
트위스트 로즈 S Blanc(6)
스트레이트 S 739(3)
체인 S E818(2)
러닝 S 844(2)
체인 S 760(3)
스트레이트 S 760(3)
아웃라인 S 3078(2)
러닝 S 959(2)
체인 S 739(3)

Sweet cupcake

백 S + 트위스트 레이지 데이지 S 3747(3)
트위스트 로즈 S 369(6)
스트레이트 S 840(3)
체인 S 840(3)
백 S + 트위스트 레이지 데이지 S 819(3)
러닝 S 722(2)

Coffee Trio*
커피 트리오

카푸치노, 카페모카, 카라멜 마키아토.
당신은 어떤 걸 제일 좋아하나요?

사용한 패브릭
- 내추럴 베이지 하프리넨

사용한 실
- DMC 25번사
  : 105, 436, 898, 3854, 3865, B5200, 783, 311
- Anchor 25번사
  : 215

활용되는 스티치
- 백 스티치
- 스트레이트 스티치
- 휘프트 백 스티치
- 시드 스티치
- 스미르나 스티치
- 카우칭 스티치
- 트위스트 로즈 스티치

작품 사이즈
- 약 11×3.5cm

POINT

1단계 카푸치노, 2단계 카페모카, 3단계 카라멜 마키아토. 스티치의 난이도를 조금씩 높여가면서 커피의 풍부한 크림을 표현해봅니다.

[카푸치노]
a
백 S
앵커 25번사 215(3)

[카페모카]
b
백 S
783(3)

[카라멜 마키아토]
c
백 S
311(3)

a. ① 백 스티치 한 후 불규칙하게 휘감기 하세요 (휘프트 백 S / B5200 4올).
   ② 그 위에 시나몬 가루를 뿌린 듯이 표현합니다 (시드 S / 105 3올).

b. ① 아래쪽에서부터 스미르나 스티치를 하세요 (B5200 6올).
   ② 그 위로 느슨하게 카우칭 스티치를 합니다 (898 2올).

c. ① 트위스트 로즈 스티치를 아래쪽에서부터 좌우로 고정해가면서 생크림의 모양을 표현해주세요(3865 6올).
   ② 그 위로 느슨하게 스트레이트 스티치를 합니다(436 2올 + 3854 1올)

How to make

세 가지 종류의 커피를 리넨에 그려줍니다.

세 개의 머그잔을 모두 백 스티치로 수놓아줍니다.

우선 카푸치노부터! 거품 부분을 다소 불규칙하게 백 스티치 하세요.

같은 색실로 백 스티치를 휘감아주어 거품을 표현해주세요.(휘프트 백 스티치).

시드 스티치로 시나몬 가루를 뿌려줍니다.

카푸치노 완성! 측면에서 바라본 모습이에요.

이번에는 카페모카! 올라가는 휘핑 크림은 스미르나 스티치로 표현해줄 거예요.

맨 아랫줄부터 스미르나 스티치를 시작하세요.

새하얗고 부드러운 휘핑 크림이 듬뿍 올라갔어요.

이제 카우칭 스티치로 초코 시럽을 표현해주세요.

달콤한 카페모카도 완성!

마지막으로 카라멜 마키아토. 트위스트 로즈 스티치로 휘핑크림을 표현할 거예요. 90cm 정도의 흰색 실을 꼬아 준비한 후 사진과 같이 고정해가기 시작합니다.

양쪽으로 왔다갔다 착착 크림을 얹는 느낌을 살려 고정해주세요.

풍성한 휘핑크림이 만들어지고 있지요?

꼬아주며 올라간 실을 조심스레 고정해주면 휘핑크림 완성!

이제 스트레이트 스티치를 느슨하게 하여 카라멜 시럽을 표현해줍니다.

취향대로 카라멜 시럽을 뿌려주세요.

커피 트리오 완성!

Travel to Paris
트래블 투 파리

디저트의 천국, 파리.
생각만 해도 달콤한 우리들의 스윗 시티!
언제나 가고 싶은 그곳…….

사용한 패브릭
- 화이트 코튼

사용한 실
- DMC 25번사
: 105, 435, 738, 973, 3801,
  3843, 4022, 4128, Blanc
- Anchor 25번사
: 279

활용되는 스티치
- 백 스티치
- 새틴 스티치
- 체인 스티치
- 스트레이트 스티치
- 아웃라인 스티치
- 오픈 체인 스티치
- 스플릿 스티치
- 클로즈드 페더 스티치

작품 사이즈
- 약 11×14cm

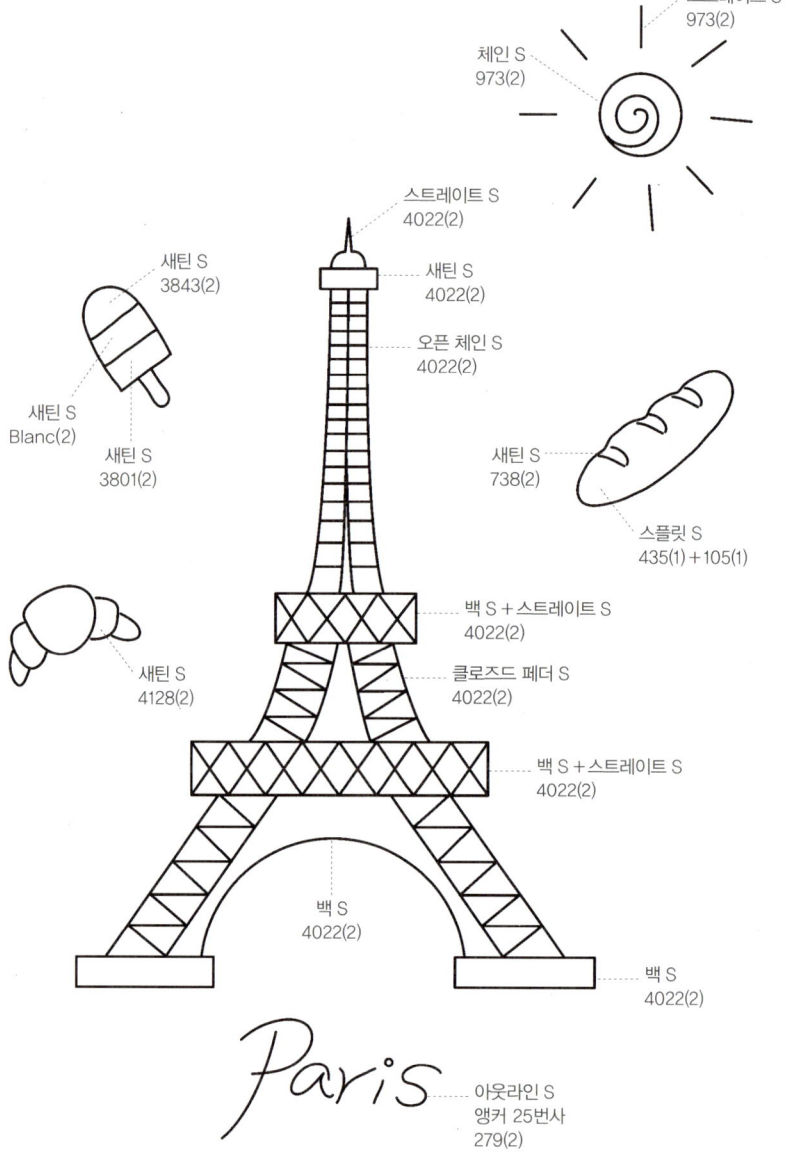

POINT

에펠탑의 맨 아래쪽에서부터 스티치를 시작하여 올라갑니다. 각자의 마음속에 떠오르는 파리의 이미지들을 수놓아보세요.

도안을 변형해 또 다른 느낌의 에펠탑을 수놓을 수 있어요. 솜사탕 자수는 p.194를, 아이스크림은 p.110을 참고해 자신만의 방식으로 도안을 활용해 보세요.

Fruit Tart*
다섯 가지 과일 맛 타르트

블루베리, 레몬, 라임, 산딸기, 그리고 각종 베리류를 이용한 달콤상큼한 타르트를 만들어보세요.

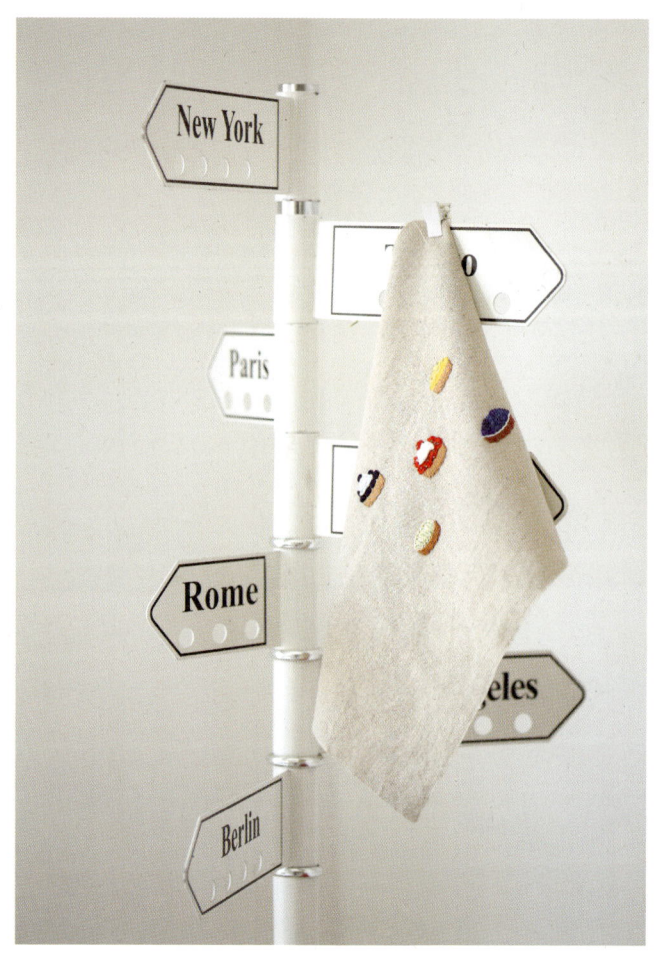

사용한 패브릭
- 내추럴 베이지 하프리넨

사용한 실
- DMC 25번사
: 307, 369, 434, 435, 436, 632, 738, 817, 939, 3013, 3747, 3865, 4077, 4240, Blanc

그 외 재료
- 노란색, 빨간색 비즈

활용되는 스티치
- 브레이드 스티치
- 새틴 스티치
- 레이즈드 스템 밴드 스티치
- 휘프트 체인 스티치
- 프렌치 넛 스티치
- 아웃라인 스티치

작품 사이즈
- 약 12×8.5cm

POINT
크림 부분을 표현할 때는 브레이드 스티치를 느슨하게 작업해주세요. 어울리는 컬러의 비즈를 달아 반짝거리는 시럽의 느낌을 더해보세요.

[블루베리 타르트]
브레이드 S 3747(6)
새틴 S 939(3)
레이즈드 스템 밴드 S 436(3)

[레몬 타르트]
브레이드 S 4077(6)
휘프트 체인 S 307(6)
레이즈드 스템 밴드 S 436(3)
노란색 비즈

[산딸기 타르트]
빨간색 비즈
브레이드 S 3865(6)
프렌치 넛 S 817(4×2)
435(3)

[라임 타르트]
아웃라인 S 738(3)
브레이드 S 369(3) + 3013(3)
434(3)

[베리베리 타르트]
브레이드 S 4240(6)
아웃라인 S Blanc(3)
632(3)

How to make

리넨에 타르트 도안을 옮겨 그립니다.

왼쪽 위의 블루베리 타르트부터 수놓습니다. 먼저 파이 부분에 스트레이트 스티치로 다섯 개의 기둥을 세우세요.

고른 장력을 주어 레이즈드 스템 밴드 스티치를 완성합니다.

새틴 스티치로 블루베리를 채워줍니다. 면을 2등분해서 한쪽 면부터 먼저 채우세요.

상큼한 블루베리 완성! 처음엔 잘 안 되더라도 포기하지 마세요.

이제 브레이드 스티치로 생크림을 표현해줄 거예요.

다소 느슨하게 브레이드 스티치를 하세요. 그래야 생크림의 결이 흐르듯이 표현돼요.

브레이드 스티치로 먹음직스러운 생크림 완성!

라임 타르트의 파이 부분은 레이즈드 스템 스티치를 한 후 아웃라인 스티치를 빙 둘러 수놓습니다.

그 안의 크림을 브레이드 스티치로 채워줍니다. 여기서 브레이드 스티치는 Anchor 25번사 1345(6)을 사용했어요.

완성! 베리에이션 실을 사용하니 오묘한 빛깔이 잘 살죠?

중간의 산딸기 타르트의 파이 부분 역시 레이즈드 스템 스티치 하세요. 그 다음 프렌치 넛 스티치로 산딸기 열매를 꼼꼼히 채워줍니다.

새콤달콤한 산딸기가 가득 올라갔어요.

이번에도 역시 브레이드 스티치로 적당히 느슨하게 생크림을 올려줍니다.

레몬 타르트는 레이즈드 스템 스티치로 파이를 만든 후, 체인 스티치를 두 줄 수놓습니다.

그 다음 같은 색실로 체인 스티치를 휘감아줍니다. 이것이 바로 휘프트 체인 스티치!

폭을 줄여가면서 느슨하게 브레이드 스티치를 해주어 레몬 크림을 올려줍니다.

레몬 타르트 완성!

마지막으로 다양한 베리류를 넣은 베리베리 타르트! 파이는 레이즈드 스템 스티치를 해주고, 오른쪽부터 세로로 브레이드 스티치 합니다.

같은 방식으로 폭을 점점 줄여가면서 브레이드 스티치를 두 줄 더 수놓습니다.

흰색 실로 아웃라인 스티치를 수놓아 가운데 크림을 표현해 줍니다.

마지막으로 비즈를 달아 반짝이는 시럽을 표현합니다.

다섯 가지 과일맛 타르트 모두 완성!

측면에서 보면 입체감을 더욱 느낄 수 있어요.

Wedding Cake
웨딩 케이크

아름다운 신부를 위한 달콤한 시간.
일생 중 가장 행복한 날을 위한 웨딩 케이크.

사용한 패브릭
- 내추럴 베이지 하프리넨

사용한 실
- DMC 25번사
: 92, 151, 153, 445, 818, 819, 3689, 4077, Blanc, E168, 745, 761, 3753, 3770, 4180, E5200, E3821

그 외 재료
- 방울솜

활용되는 스티치
- 스트레이트 스티치
- 백 스티치
- 아웃라인 스티치
- 프렌치 넛 스티치
- 레이지 데이지 스티치
- 패디드 새틴 스티치
- 카우칭 스티치
- 플라이 리프 스티치
- 스미르나 스티치
- 캐스트온 스티치
- 플라이 스티치
- 트위스트 로즈 스티치
- 스파이더 웹 로즈 스티치
- 레이즈드 스템 로즈 스티치
- 코디드 버튼홀 스티치

작품 사이즈
- 약 16×10cm(좌)
- 약 12×10cm(우)

> **POINT**
>
> 입체 기법과 다양한 꽃 표현이 들어가 있어 다소 난이도가 있는 자수이지만, 완성하고 나면 그 우아함과 여성스러움에 반하고 말 거예요. 작은 들꽃들은 레이지 데이지 스티치를 한 후 그 위에 스트레이트 스티치를 해 도톰한 꽃잎을 표현해줍니다.

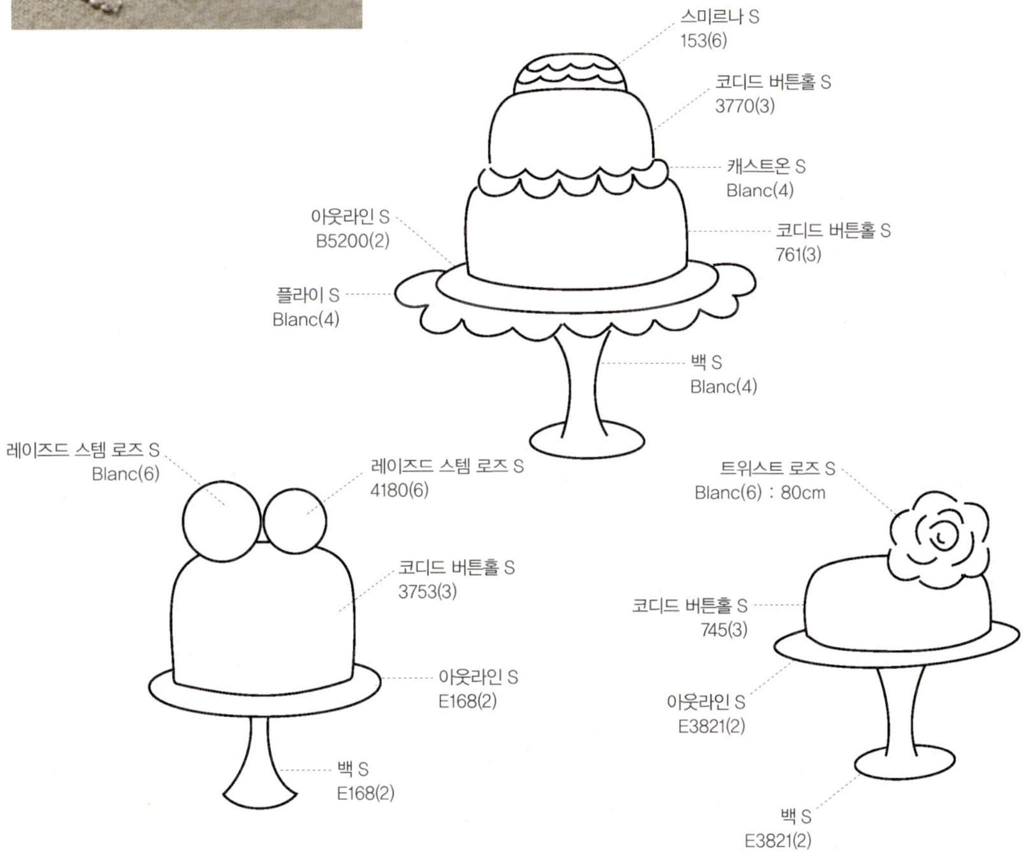

스미르나 S
153(6)

코디드 버튼홀 S
3770(3)

캐스트온 S
Blanc(4)

아웃라인 S
B5200(2)

코디드 버튼홀 S
761(3)

플라이 S
Blanc(4)

백 S
Blanc(4)

레이즈드 스템 로즈 S
Blanc(6)

레이즈드 스템 로즈 S
4180(6)

트위스트 로즈 S
Blanc(6) : 80cm

코디드 버튼홀 S
3753(3)

코디드 버튼홀 S
745(3)

아웃라인 S
E168(2)

아웃라인 S
E3821(2)

백 S
E168(2)

백 S
E3821(2)

How to make

리넨에 2단 케이크 도안을 옮겨 그리고, 먼저 위단을 백 스티치하여 땀수를 정해줍니다. 그리고 코디드 버튼홀 스티치를 하기 위해 시작점에서 나옵니다.

6코를 잡아 버튼홀 스티치를 한 다음 마지막 백 스티치 땀 아래로 바늘을 끼워 빼냅니다.

오른쪽 세로선의 첫 땀 아래로 바늘을 끼워넣은 다음 사진처럼 코드를 가로로 걸쳐줍니다.

이제 걸쳐진 코드까지 함께 엮어서 버튼홀 스티치를 단의 끝까지 이어갑니다.

수놓고자 하는 모티브의 폭이 점점 넓어지므로 첫 땀 또는 마지막 땀을 한 땀씩 늘려가며 버튼홀 스티치를 하세요.

첫 번째 단이 완성되면, 이제 두 번째 단을 위해 다시 바늘을 사진처럼 빼내줍니다.

네 번째 단까지 코디드 버튼홀 스티치를 이어간 후, 실색을 바꾸기 위해 사진과 같은 위치에서 마무리합니다.

아랫단도 역시 백 스티치로 테두리를 수놓아줍니다.

이제 바꾼 색실로 코드를 걸쳐줍니다.

앞에서 했던 방식으로 코디드 버튼홀 스티치를 이어갑니다.

다섯째 단까지 완성되었습니다.

마지막 단의 오른쪽 끝까지 스티치를 해준 후 입체감이 느껴지도록 적당히 솜을 집어넣으세요. 그 다음 사진처럼 바늘을 끼워 넣으세요.

왼쪽 끝까지 감치듯이 엮어준 후 모서리에 바늘을 꽂아 마무리합니다.

스미르나 스티치로 연보라색 꽃을 수놓아줍니다.

케이크의 위단과 아랫단 사이를 캐스트온 스티치로 장식해 주세요.

아웃라인 스티치로 케이크 스탠드를 수놓아주세요.

플라이 스티치를 느슨하게 하여 레이스 장식을 표현해줍니다.

스탠드의 다리는 백 스티치로 마무리합니다. 완성!

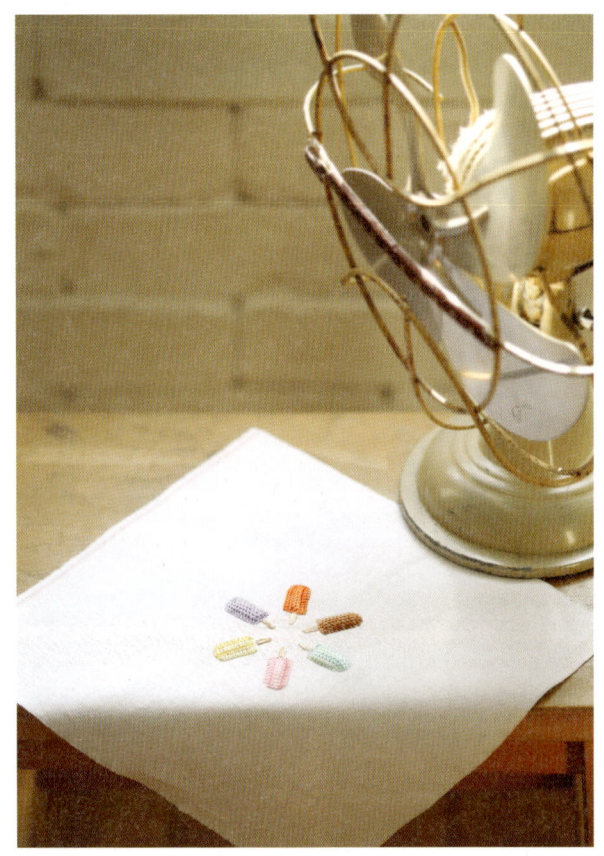

Icecream Bar*
아이스크림 바

너무너무 더운 날엔 역시 아이스크림 바!
베리에이션 실로 먹음직스런 빛깔을 표현해주세요.

사용한 패브릭
- 화이트 하프리넨

사용한 실
- DMC 25번사
: 105, 211, 340, 437, 4040, 4077, 4124, 4180

그 외 재료
- 방울솜

활용되는 스티치
- 새틴 스티치
- 코디드 버튼홀 스티치

작품 사이즈
- 약 8×8cm

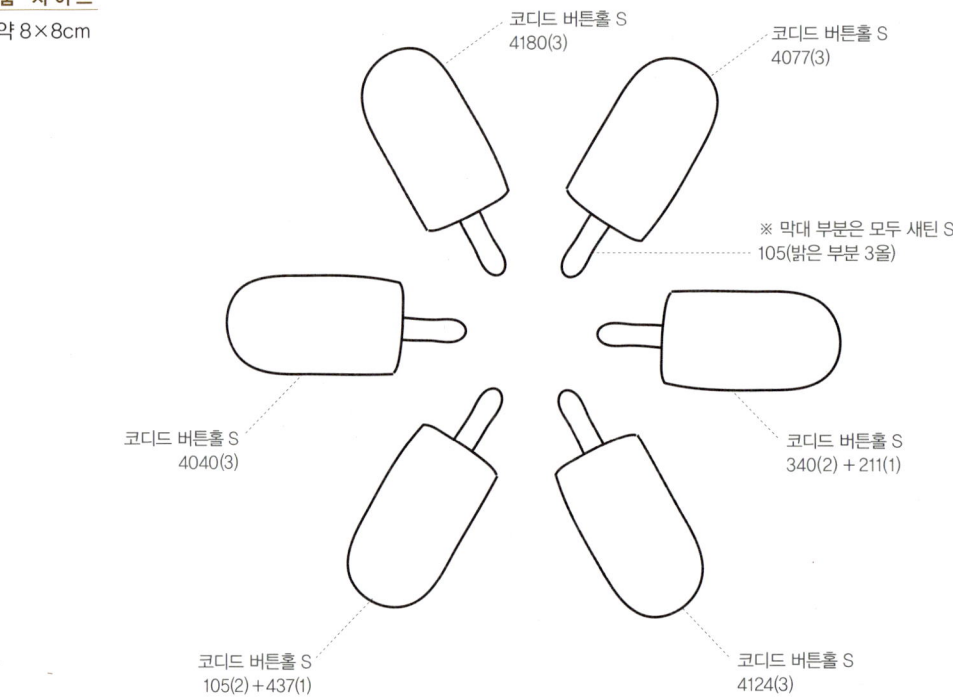

코디드 버튼홀 S
4180(3)

코디드 버튼홀 S
4077(3)

※ 막대 부분은 모두 새틴 S
105(밝은 부분 3올)

코디드 버튼홀 S
4040(3)

코디드 버튼홀 S
340(2) + 211(1)

코디드 버튼홀 S
105(2) + 437(1)

코디드 버튼홀 S
4124(3)

POINT 여러 가지 색깔이 들어있는 베리에이션 실을 활용한 자수예요. 색색깔의 비즈나 스팽글 등 나만의 입맛대로 토핑을 추가해보세요. 화려해질수록 아이스크림 바가 더욱 맛있어 보인다는 사실!

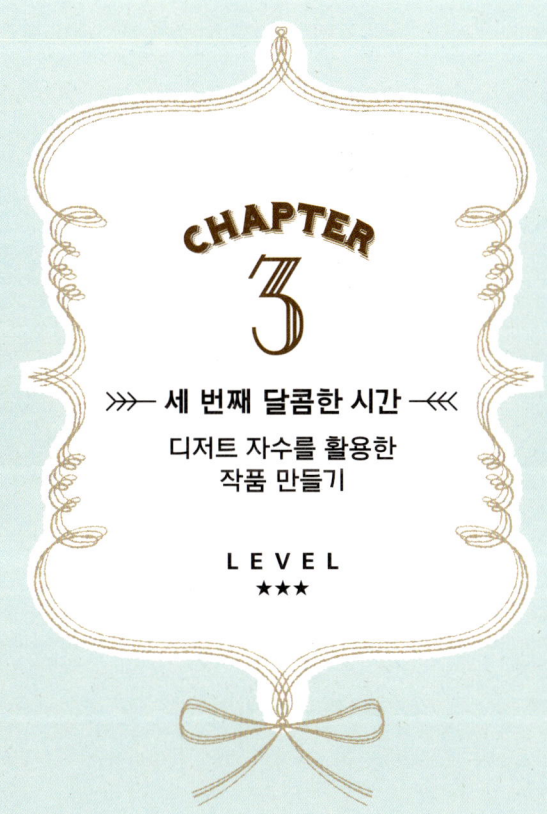

CHAPTER 3

세 번째 달콤한 시간

디저트 자수를 활용한
작품 만들기

LEVEL
★★★

Icecream Ecobag
아이스크림 에코백

에코백은 자수를 활용할 수 있는 가장 쉽고 대표적인 아이템이죠.
원하는 위치에 자수를 놓아 나만의 특별한 에코백을 만들어보세요.

사용한 패브릭
- 내추럴 베이지 하프리넨

사용한 실
- DMC 25번사
: 309, 437, 739, 838, 3865

그 외 재료
- 민무늬 에코백

활용되는 스티치
- 코디드 버튼홀 스티치

작품 사이즈
- 약 5×8.5cm(자수)
- 원하는 대로(에코백)

POINT

맨 처음 백 스티치로 외곽선을 수놓으세요. 그런 다음 모두 코디드 버튼홀 스티치(6올)로 작업합니다.

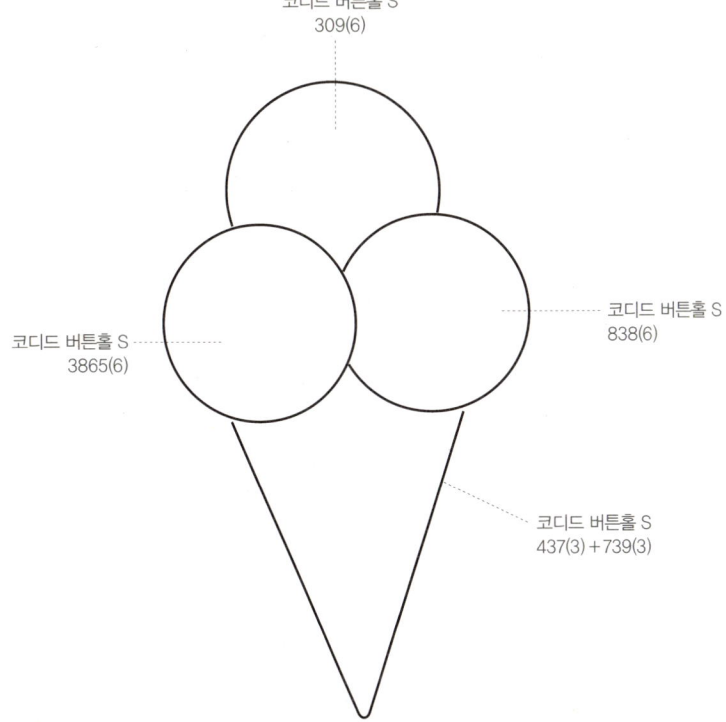

코디드 버튼홀 S
309(6)

코디드 버튼홀 S
3865(6)

코디드 버튼홀 S
838(6)

코디드 버튼홀 S
437(3) + 739(3)

Cafe Apron *
카페 에이프런

거품 가득 카푸치노와 생크림 가득 카페모카를 수놓은 귀여운 에이프런을 만들어보세요.

사용한 패브릭
- 오렌지색 도트 하프리넨

사용한 실
- DMC 25번사
: 105, 3042, 3865, 4025

그 외 재료
- 밤색 펠트, 크림색 펠트

활용되는 스티치
- 아웃라인 스티치
- 코디드 버튼홀 스티치
- 스미르나 스티치
- 트위스트 로즈 스티치

작품 사이즈
- 약 6×4cm(자수)
- 약 80×40cm(에이프런)

에이프런 재료
- 몸판 : 밤색 리넨 85×45cm
- 주머니 : 오렌지색 도트 리넨 32×20cm
- 끈 : 내추럴 베이지 리넨 80×10cm(2장)

POINT
주머니용 리넨에 먼저 자수를 놓은 후 에이프런 몸판에 달아줍니다. 도트 무늬가 있는 천에 자수를 놓으면 좀 더 발랄한 느낌을 낼 수 있어요.

스미르나 S
3865(6)

밤색 펠트를 막대 모양으로 작게 오려낸 다음
3865(3) 색실로 고정하기

트위스트 로즈 S
3865(6) / 80cm 준비
※ p.141을 참고하세요!

아웃라인 S
105(2)

아웃라인 S
3042(2)

코디드 버튼홀 S
105(3)

코디드 버튼홀 S
4025(3)

How to make

① 에이프런의 몸판, 주머니, 끈을 제시된 사이즈대로 준비합니다. 각각 시접 여유분을 남기고 재단하세요.

② 끈으로 사용할 천을 가로로 길게 반 접어 펼친 다음, 다시 위에서 아래로 반 접어주세요.

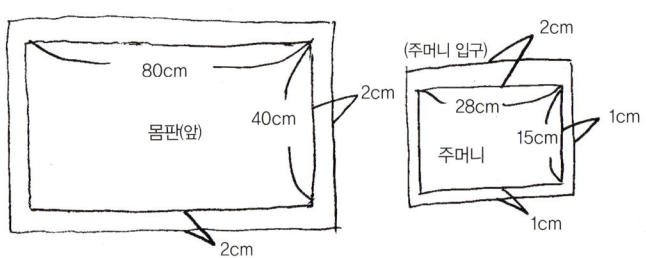

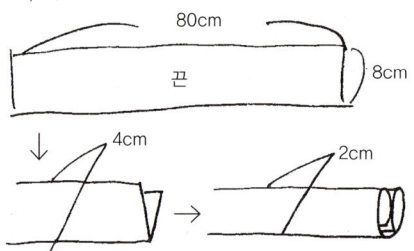

③ 끈의 한쪽 끝을 1.5cm만큼 안쪽으로 접어 넣은 다음, 그림처럼 ㄱ 형태로 박음질하세요. 이 방법으로 끈을 하나 더 만드세요(총 2개).

④ 몸판용 천(밤색 리넨)은 먼저 좌우 양쪽을 1cm씩 두 번 접어 박아준 후, 아래쪽도 이와 마찬가지로 두 번 접어 박음질해두세요.

⑤ 주머니용 천(오렌지색 도트 리넨)은 주머니 입구 가로를 1cm씩 두 번 접어 박음질하고, 나머지 둘레는 1cm씩 한 번 접어두세요.

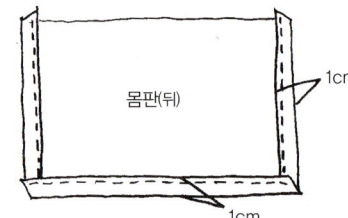

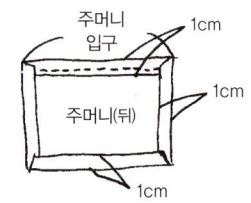

⑥ 준비해둔 몸판(④)에 주머니(⑤)를 알맞은 위치에 대고 박음질하세요.

⑦ 몸판의 위쪽 가로를 2cm씩 두 번 접은 다음, 그 접힌 공간 사이로 이미 만들어놓은 끈(③)을 양쪽에 끼워 넣고 박음질하세요.

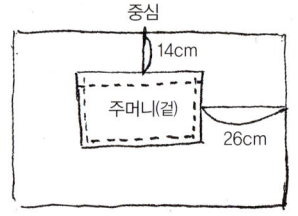

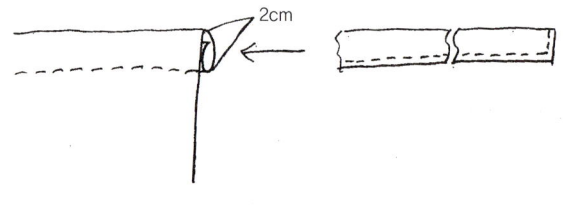

Cupcake Teacoaster*
컵케이크 티코스터

컵케이크를 수놓은 티코스터가 있으면, 티타임에 다른 디저트는 필요 없을지도 몰라요.

사용한 패브릭
- 크림, 노랑, 민트, 연핑크 하프리넨

사용한 실
- DMC 25번사
: 211, 307, 349, 632, 738, 742, 762, 826, 838, 938, 954, 959, 963, 3608, 3840, 3865, 4200, Blanc

활용되는 스티치
- 스트레이트 스티치
- 백 스티치
- 새틴 스티치
- 아웃라인 스티치
- 프렌치 넛 스티치
- 패디드 새틴 스티치
- 시드 스티치

작품 사이즈
- 약 2×2.5cm(자수)
- 11×11cm(티코스터)

티코스터 재료
- 크림, 노랑, 민트, 연핑크 리넨
  각 15×15cm(자수용)
- 무늬 있는 뒷감용 코튼 30×30cm
- 2온스 접착솜 25×25cm(선택사항)

POINT

컬러 리넨에 우선 컵케이크 자수를 놓은 후, 그 원단이 윗면이 되도록 티코스터를 만듭니다.

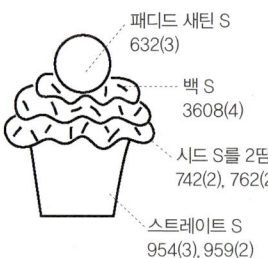

패디드 새틴 S
632(3)

백 S
3608(4)

시드 S를 2땀씩
742(2), 762(2)

스트레이트 S
954(3), 959(2)

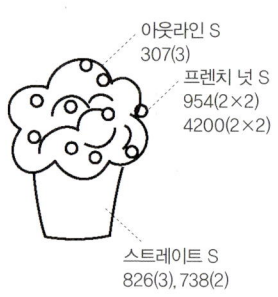

아웃라인 S
307(3)

프렌치 넛 S
954(2×2)
4200(2×2)

스트레이트 S
826(3), 738(2)

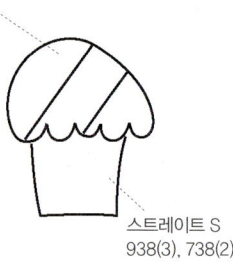

3840(3)으로 백 S
먼저 한 후에 3840(3),
3865(3), 349(3)으로 새틴 S

스트레이트 S
938(3), 738(2)

Blanc(3)

963(3)

211(3)

스트레이트 S
632(3), 838(2)

※ 각각 백 S를
먼저 한 후
새틴 S를 하세요!

How to make

❶ 겉감(수놓은 원단)과 안감에 완성선을 그린 다음, 시접 1cm씩을 남기고 재단하세요.

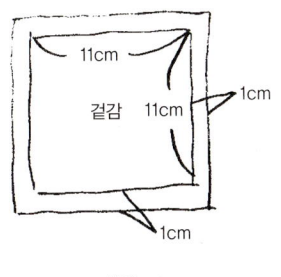

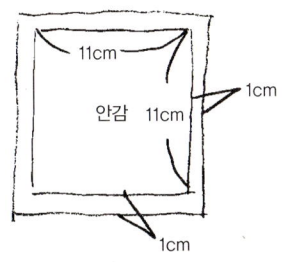

❷ 겉감과 안감을 겉끼리 맞댄 다음 시침핀으로 고정하세요.

❸ 시선이 잘 닿지 않는 곳(티코스터의 아래쪽)에 창구멍을 4cm 남기고 빙 둘러 박음질하세요.

Tip. 도톰한 티코스터를 원할 경우, 완성 사이즈대로 잘라놓은 접착솜을 겉감 뒷면에 다리미로 눌러 붙인 후 박음질하세요.

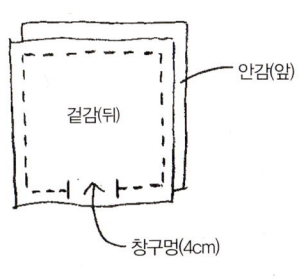

❹ 뒤집기 전, 시접의 부피를 줄이기 위해 각 모서리를 그림과 같이 잘라주세요.

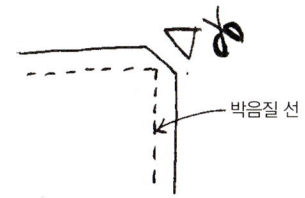

❺ 창구멍을 통해 겉으로 뒤집고 공그르기로 마무리합니다.

How to make

민트색 리넨 위에 도안을 그리고 아래쪽 컵 부분부터 스트레이트 스티치 합니다. 진한 밤색 실로, 우선 크게 한 땀 스트레이트 스티치 하세요.

바깥에서 안쪽 방향으로 사진처럼 스트레이트 스티치를 해줍니다.

연한 갈색 실로 사이사이를 스트레이트 스티치로 채워줍니다.

이제 위쪽 크림 부분 차례. 우선 아래쪽에 플라이 스티치를 느슨하게 당겨 곡선 느낌으로 수놓아주세요.

백 스티치로 테두리를 수놓습니다.

이제 프랑스 국기를 상징하는 세 가지 색실로 안쪽 부분을 채워볼게요. 가장 먼저 흰색 실로 가운데를 새틴 스티치 합니다.

그 다음 왼쪽은 파란색 실로, 오른쪽은 빨간색 실로 새틴 스티치 합니다. 컵케이크 하나 완성!

다음 컵케이크! 연핑크색 리넨 위에 도안을 그린 후 스트레이트 스티치로 컵 부분을 채우고, 위쪽의 크림 부분 외곽에 백 스티치를 해주세요.

크림 부분 안쪽은 각각 지정된 색실로 새틴 스티치를 합니다. 우선 수성펜으로 2등분 선을 표시하세요.

2등분 선을 중심으로 한쪽 면을 먼저 채우세요. 저는 오른쪽부터 채웠습니다.

나머지 면도 새틴 스티치로 꼼꼼하게 채우세요.

이런 방식으로 층층이 크림을 새틴 스티치로 채우세요. 두 번째 컵케이크 완성!

다음 컵케이크! 연노랑색 리넨 위에 도안을 그린 후 스트레이트 스티치와 백 스티치로 컵 부분과 크림 외곽 부분을 수놓으세요.

시드 스티치로 토핑을 표현하세요.

꼭대기의 초콜릿에는 패디드 새틴 스티치로 입체감을 줍니다. 우선 안쪽에 스트레이트 스티치를 해서 패딩을 넣어줍니다.

방금 한 스트레이트 스티치 방향과 직각이 되도록 새틴 스티치를 합니다. 살짝 도톰한 입체감이 생겼어요. 세 번째 컵케이크 완성!

마지막 컵케이크! 아이보리색 리넨 위에 도안을 그려준 후 컵 부분엔 스트레이트 스티치, 크림의 외곽에 아웃라인 스티치를 합니다. 중심에도 아웃라인 스티치로 풍성한 휘핑을 표현해주세요.

프렌치 넛 스티치를 옹기종기 수놓아 마무리합니다.

Honey Honey String Pouch*

허니 허니 스트링 파우치

사랑에 빠진 닥스훈트 군과 도도한 푸들 양을 수놓은 커플 스트링 파우치를 만들어보세요.

사용한 패브릭
- 연핑크 하프리넨
- 크림 베이지 하프리넨

사용한 실
- DMC 25번사
: 601, 823, 898, 3865, 4501(푸들 양)
: 301, 321, 838, 3865(닥스훈트 군)

활용되는 스티치
- 스트레이트 스티치
- 새틴 스티치
- 백 스티치
- 프렌치 넛 스티치
- 플라이 스티치
- 아웃라인 스티치
- 레이지 데이지 스티치
- 롱 앤 숏 스티치
- 카우치드 트렐리스 스티치

작품 사이즈
- 약 10×7cm(자수 : 푸들 양)
- 약 9×6cm(자수 : 닥스훈트 군)
- 약 15×20cm(스트링 파우치, 끈 제외)

스트링 파우치 재료
- 연핑크 리넨 20×60cm
- 크림 베이지색 리넨 20×60cm
- 핑크색, 밤색 벨벳리본 테이프
  각 100cm 정도

honey

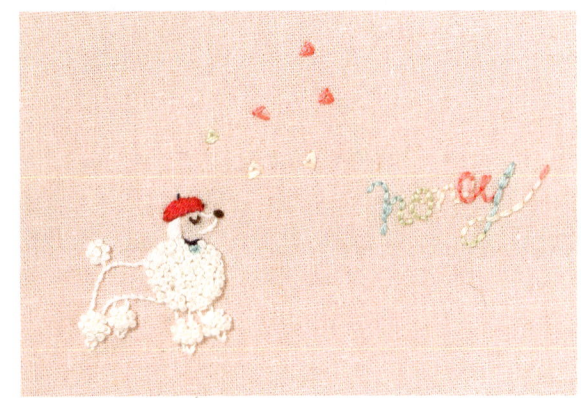

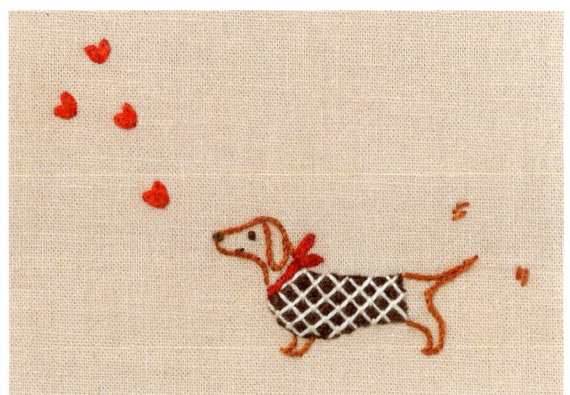

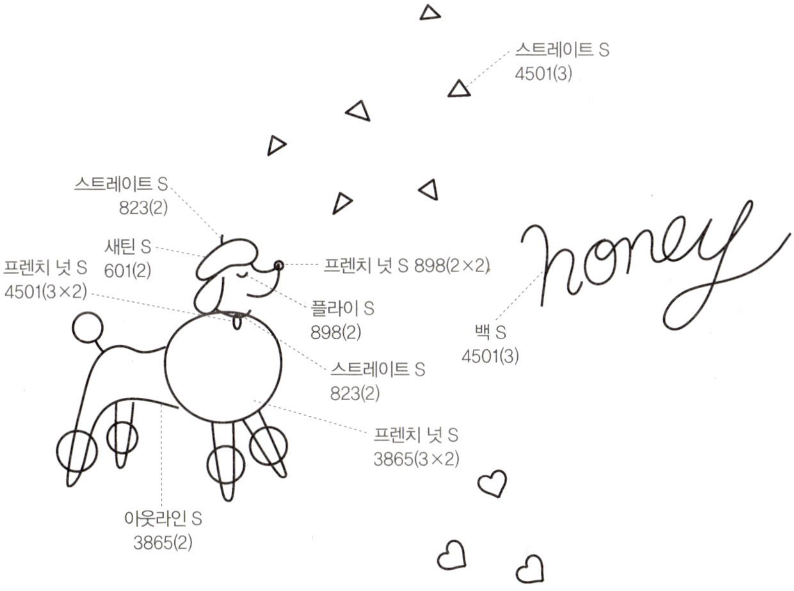
스트레이트 S
4501(3)
스트레이트 S
823(2)
새틴 S
601(2)
프렌치 넛 S
4501(3×2)
프렌치 넛 S 898(2×2)
플라이 S
898(2)
스트레이트 S
823(2)
프렌치 넛 S
3865(3×2)
아웃라인 S
3865(2)
honey
백 S
4501(3)

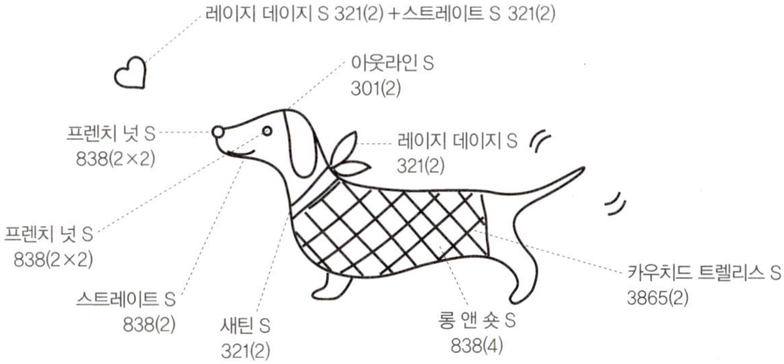
레이지 데이지 S 321(2) +스트레이트 S 321(2)
아웃라인 S
301(2)
프렌치 넛 S
838(2×2)
레이지 데이지 S
321(2)
프렌치 넛 S
838(2×2)
스트레이트 S
838(2)
새틴 S
321(2)
롱 앤 숏 S
838(4)
카우치드 트렐리스 S
3865(2)

POINT

푸들의 털 부분을 링 스티치 혹은 스미르나 스티치로 바꿔 수놓아 봐도 재미있을 거예요. 닥스훈트의 옷도 취향대로 디자인해 보세요.

How to make

1. 리넨에 푸들양 도안을 그리고, 작은 삼각형은 스트레이트 스티치로, 허니 글자는 백 스티치로 수놓습니다.

2. 아웃라인 스티치로 푸들의 바디 라인을 매끈하게 수놓아주세요. 주둥이 부분은 좀 더 신경 써서 작업해야 합니다.

3. 귀는 원하는 결 방향대로 2등분 선을 그린 후 새틴 스티치로 채우세요.

4. 가슴 쪽의 복실복실한 털을 수놓아줄 차례입니다. 우선 프렌치 넛 스티치로 테두리를 빙 둘러 수놓습니다.

5. 이제 가슴 안쪽을 프렌치 넛 스티치로 채워줍니다. 다리와 꼬리 쪽에 표시된 부분에도 프렌치 넛 스티치를 해주세요.

6. 베레모는 사선으로 새틴 스티치해줍니다. 2등분 선을 그린 후 중심부터 채워 나가야 고른 결을 표현하기 좋습니다.

7. 베레모 꼭지와 목걸이는 스트레이트 스티치 합니다. 목걸이의 팬던트는 원하는 색실로 프렌치 넛 스티치 하세요.

8. 푸들 양의 도도한 표정을 결정짓는 눈은 플라이 스티치를 하고, 오똑한 코는 프렌치 넛 스티치를 합니다.

9. 도도한 푸들 양 완성!

이제 리넨에 닥스훈트 도안을 그리고 아웃라인 스티치로 바디를 수놓습니다.

Tip. 머리 쪽보다는 꼬리 쪽부터 수놓는 것이 좋아요.

아웃라인 스티치의 뒷모습은 이렇게 고른 백 스티치가 되어야 해요.

아웃라인 스티치로 바디가 완성되었습니다.

롱 앤 숏 스티치로 옷을 입혀주세요. 앞서 배운 대로 길고 짧은 땀을 번갈아가며 면을 채워줍니다.

롱 앤 숏 스티치로 옷을 완성한 후에는 새틴 스티치와 레이지 데이지 스티치로 빨간색 머플러를 수놓아주세요. 눈과 코는 프렌치 넛 스티치, 입은 스트레이트 스티치를 하세요.

앞서 롱 앤 숏 스티치를 한 옷 위에, 흰색 실로 카우치드 트렐리스 스티치를 해서 장식을 해주세요.

빨간색 하트는 중심선을 기준으로 양쪽이 마주 보도록 레이지 데이지 스티치를 합니다.

마지막으로 하트 안쪽에 스트레이트 스티치를 더해주어 면을 채워줍니다.

사랑에 빠진 닥스훈트 군 완성!

How to make

❶ 아래 그림대로 완성선을 그린 다음 시접 1cm씩 남기고 재단하세요.

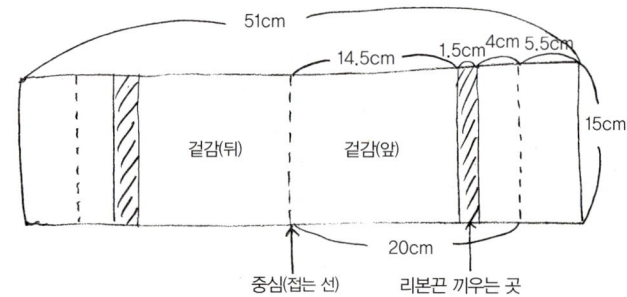

❷ 겉면끼리 맞닿게 중심선을 따라 반으로 접은 다음 리본끈 끼우는 곳만 남기고 양옆을 박음질 하세요.

❸ 겉이 나오도록 뒤집은 다음 주머니 입구를 6.5cm 안쪽으로 접어 넣으세요.

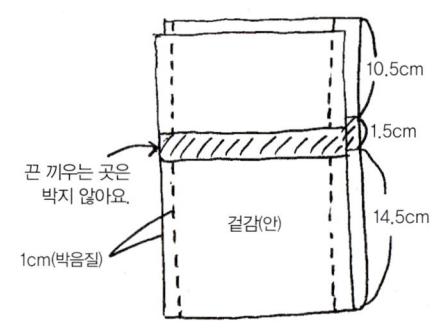

❹ 주머니 입구에서부터 각각 4cm와 5.5cm 내려온 위치를 빙 돌아가면서 홈질하세요.

❺ ❹에서 생긴 구멍에 리본끈을 각각 양쪽으로 끼워 넣고 묶어주세요.

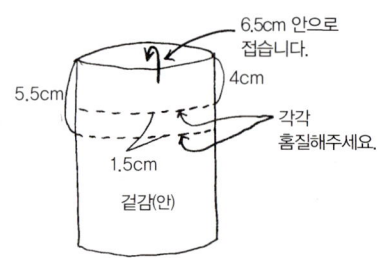

Lollipop Pouch
롤리팝 파우치

롤리팝을 수놓은 리넨으로 파우치를 만들어보세요.
롤리팝은 체인, 아웃라인 스티치만으로
쉽게 수놓을 수 있어요. 실의 컬러만 달리해주면 OK!

사용한 패브릭
- 크림 아이보리 하프리넨

사용한 실
- DMC 25번사
: 225, 420, 435, 744, 957, 3753,
  3825, 3843, Blanc, Ecru

활용되는 스티치
- 체인 스티치
- 아웃라인 스티치

작품 사이즈
- 약 13.5×12cm(자수)
- 약 20×18cm(파우치)

파우치 재료
- 크림 아이보리 리넨 25×45cm
- 안감용 코튼 25×45cm
- 4온스 접착솜 20×40cm
- 지퍼 1개(20cm 이상)

POINT
동그란 사탕 부분은 모두 체인 스티치(4올)로 수놓으세요. 안쪽에는 모두 Ecru(4올)를 사용합니다. 막대 부분은 모두 아웃라인 스티치(435, 4올)로 수놓아주세요.

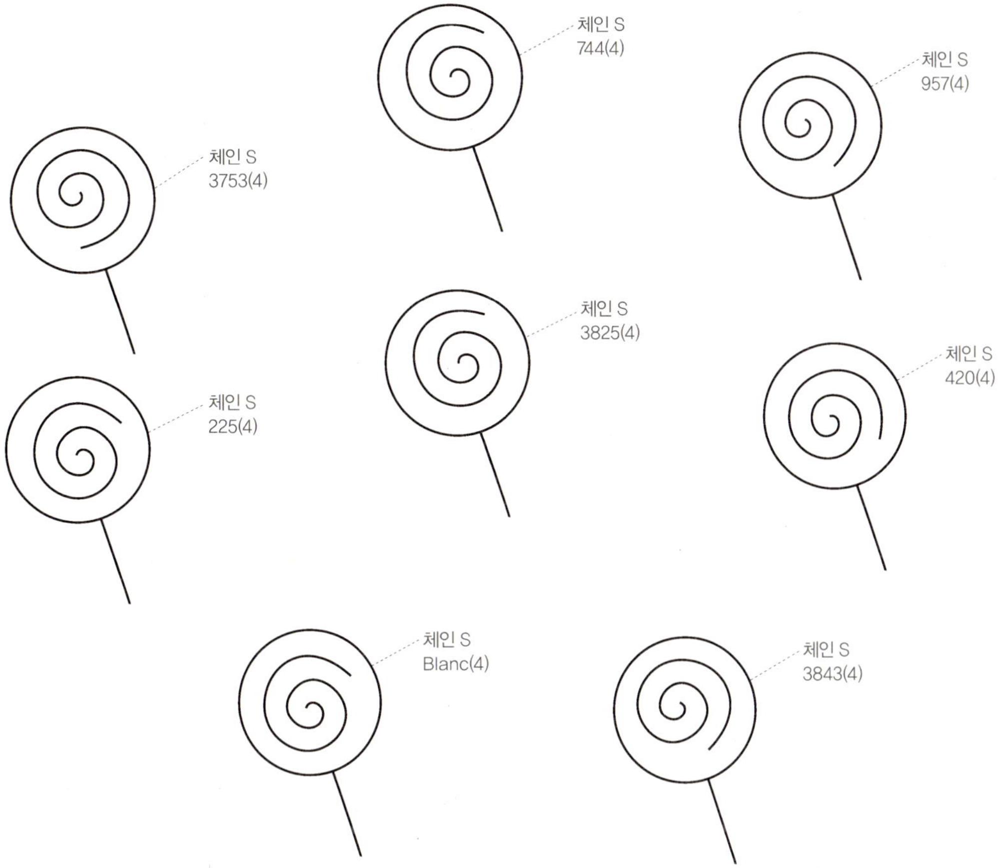

체인 S
744(4)
체인 S
957(4)
체인 S
3753(4)
체인 S
3825(4)
체인 S
420(4)
체인 S
225(4)
체인 S
Blanc(4)
체인 S
3843(4)

How to make

❶ 그림을 참고해 겉감과 안감에 완성선을 그린 다음 시접 1cm를 두고 재단하세요. 겉감의 입구쪽 시접만 1.5cm로 재단합니다.

❷ 접착솜은 완성 사이즈에 딱 맞게 재단한 후 4변을 0.2cm 정도 잘라냅니다. 겉감의 안쪽(수놓은 뒷면)에 준비해둔 접착솜을 다리미로 눌러 붙여주세요.

1.5cm
20cm
겉감
36cm
1cm
접는 선
1.5cm
20cm
안감
36cm
1cm
접는 선
1cm

❸ 겉감의 입구 쪽에 남겨둔 시접 1.5cm를 안으로 접은 후, 준비된 지퍼에 올려놓고 박음질하세요. 반대쪽도 마찬가지로 박음질한 후 뒤집어주세요.

1.5cm
박음질
겉감(앞)

❹ 양쪽 옆선도 꼼꼼하게 박음질한 후 지퍼를 열어 겉감의 겉이 밖으로 나오도록 다시 뒤집으세요.

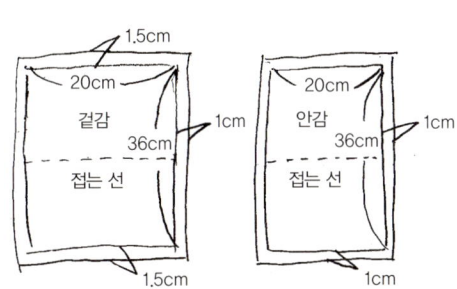

겉감(뒤)
1cm

❺ 안감은 겉끼리 맞닿게 반으로 접은 후 양쪽 옆선을 박음질하고 시접은 가름솔로 정리해둡니다. 안감의 입구 쪽 시접을 1cm만큼 뒤쪽으로 접어놓으세요.

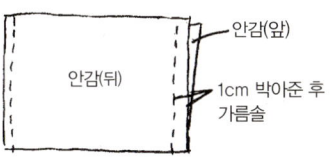

안감(앞)
안감(뒤)
1cm 박아준 후
가름솔

❻ ④에서 완성해둔 겉감 안에 ⑤의 안감을 집어넣고 양옆을 잘 맞추어준 후 입구 쪽을 빙 돌아가며 공그르기 합니다.

공그르기
안감(앞)
겉감(앞)

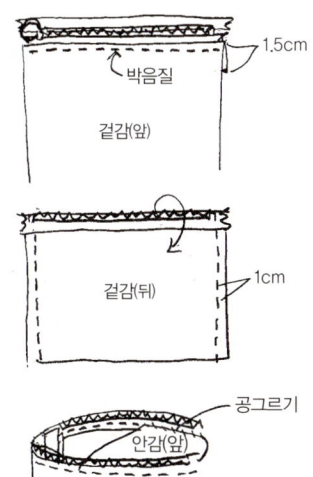

Macaron Diary Cover

마카롱 다이어리 커버

12달을 상징하는 12개의 마카롱을 수놓아 다이어리 커버를 만들어보세요.
일 년 열두 달이 달콤하기를 바라면서요.

커버 재료
- 연핑크 리넨 24×24cm(겉감 / 자수천)
- 밤색 리넨 28×24cm(겉감 / 뒷면)
- 꽃무늬 원단 47×24cm(안감)

작품 사이즈
- 약 10.5×13cm(자수)
- 약 28×19cm(커버 / 가로로 펼친 사이즈)
- ※ 다이어리 27×18cm
(가로로 펼친 사이즈) 기준

POINT

p.92 쁘띠 마카롱 도안을 이용합니다. 제시된 다이어리 커버는 가장 일반적인 다이어리 사이즈를 기준으로 했어요. 본인이 가진 다이어리 사이즈에 맞게 수치는 변경하세요. 원단을 재단할 때는 다이어리를 가로로 펼친 사이즈를 기준으로 가로, 세로 각각 1cm씩 여유를 두고 재단하세요.

How to make

① 마카롱 자수를 놓은 연핑크 리넨과 밤색 리넨에 각각 완성선을 그려준 후 시접을 1cm씩 남기고 재단하세요.

② 연핑크 리넨과 밤색 리넨을 겉면끼리 맞댄 다음 촘촘하게 홈질해서 연결해주세요.

③ 꽃무늬 원단(안감)도 연결된 겉감과 같은 크기로 똑같이 재단해 주세요.

④ 겉감과 안감을 겉면끼리 맞댄 다음, 창구멍을 7cm 남기고 둘레를 따라 박음질하세요. 뒤집기 전 각 모서리 시접을 그림처럼 잘라내세요.

⑤ 겉면이 밖으로 나오도록 뒤집은 후 다리미로 다리면서 모양을 정리해주고, 창구멍을 공그르기로 막아주세요.

⑥ 좌우 양쪽의 날개 부분을 접어준 후 위아래를 각각 감침질하세요. 이제 완성된 커버를 다이어리에 끼우면 끝!

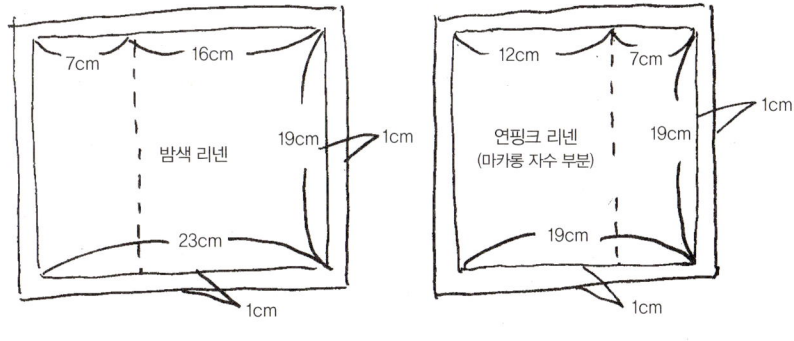

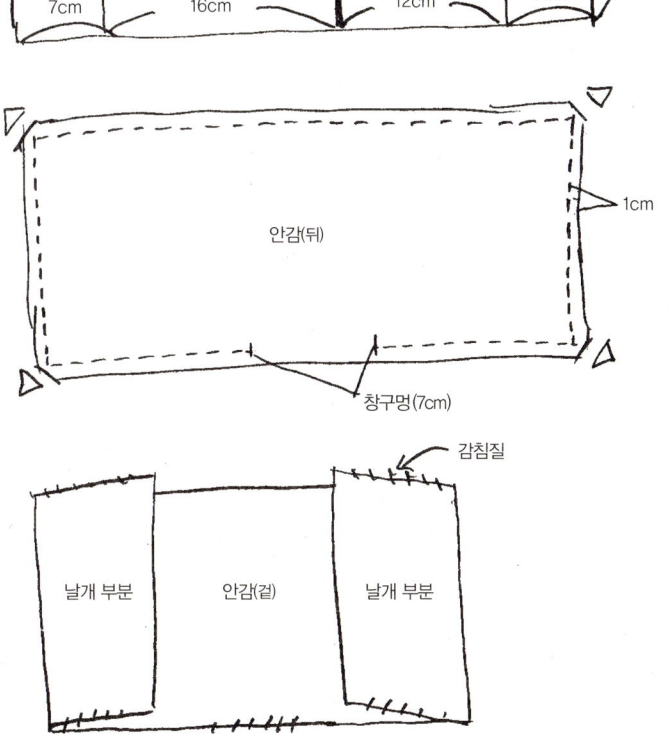

Cute Accessary*
미니 액세서리 5종

냉장고 자석, 와펜, 브로치, 싸개 단추 등 귀여운 액세서리를 만들어보세요.
조금만 변형하면 각기 다른 아이템을 가득 만들 수 있답니다.

사용한 패브릭
- **미니 핀쿠션** : 화이트 하프리넨
- **냉장고 자석** : 화이트, 아이보리 하프리넨
- **펠트 와펜** : 화이트 하프리넨
- **브로치** : 화이트, 아이보리, 연핑크 리넨

사용한 실
미니 핀쿠션
- DMC 25번사
: 435, 437, 554, 780, 801, 996, 4040

냉장고 자석
- DMC 25번사
: 107, 210, 211, 321, 434, 435, 437, 550, 718, 738, 746, 762, 819, 894, 939, 959, 3078, 3845, 3889, 4180, Blanc

펠트 와펜
- DMC 25번사
: 472, 632, 738, 783, 938, 958, 3608, 3805, 3832, 3839, 3859, 3889, 3890, 4080, Blanc
- Anchor 25번사 : 1320

브로치
- DMC 25번사
: 115, 816, 817, Ecru, 666, 959, 963, 823, 4180, 738, 3712, 3743, 3813, 3890, 472, 632, 958, 3859, Blanc, 208, 959, 3042, 4077, 4180, 445, 722, 894, 917, 996, 3801, E168

그 외 재료
- **미니 핀쿠션** : 방울솜, 뒷감용 리넨
- **냉장고 자석** : 플라스틱 싸개단추 3개, 펠트지 약간, 원형자석 5개(지름 1.5cm), 글루건 또는 수예용 접착제
- **펠트 와펜** : 밤색 펠트지 약간, 브로치 핀 3개, 글루건 또는 수예용 접착제
- **브로치** : 자동 브로치 세트(크로바) 6개

활용되는 스티치
- 백 스티치
- 스트레이트 스티치
- 아웃라인 스티치
- 새틴 스티치
- 러닝 스티치
- 체인 스티치
- 체인 백 스티치
- 프렌치 넛 스티치
- 번들 스티치
- 레이지 데이지 스티치
- 롱 앤 숏 스티치
- 더블 레이지 데이지 스티치
- 플라이 스티치
- 패디드 새틴 스티치
- 스파이더 웹 로즈 스티치
- 디테치드 버튼홀 스티치
- 캐스트온 스티치
- 우븐 피코 스티치
- 블리온 링 스티치
- 블리온 로즈 스티치
- 브레이드 스티치
- 코디드 버튼홀 스티치
- 레이즈드 스템 밴드 스티치
- 휘프트 체인 스티치
- 트위스트 로즈 스티치
- 스플릿 스티치
- 클로즈드 헤링본 스티치
- 시드 스티치

작품 사이즈
- **미니 핀쿠션** : 약 4×5cm
- **냉장고 자석** : 약 3×4cm
- **펠트 와펜** : 약 2.5×4cm
- **브로치** : 약 2.5×3.5cm(자수) 지름 4.5cm(브로치)

[미니 핀쿠션]

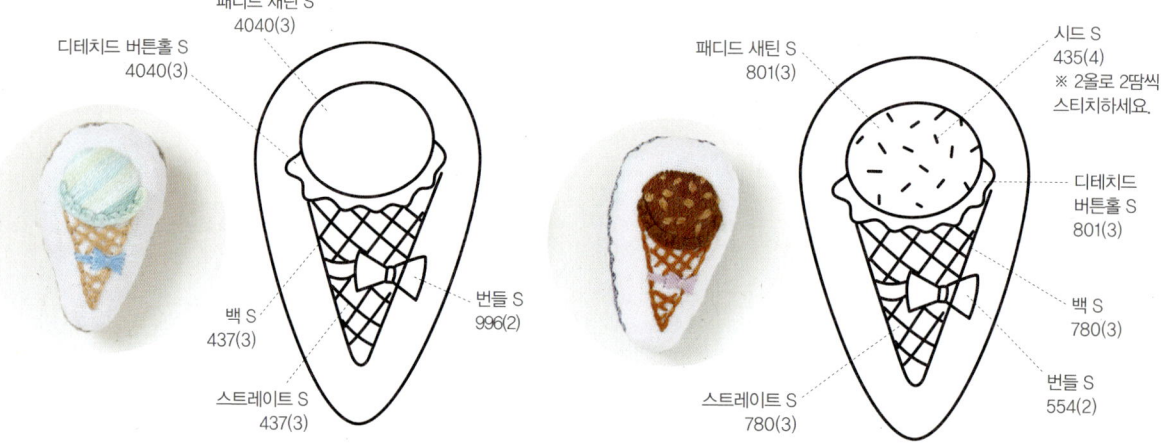

How to make

펠트 와펜

1. 원단에 도안을 그리고 수를 놓으세요.

2. 자수 뒷면에 펠트를 덧대고 테두리에 체인 스티치를 수놓으세요. 혹은 원하는 모양의 스티치로 테두리를 장식하세요.

3. 체인 스티치의 바깥쪽을 따라 천을 가위로 조심스레 잘라냅니다.

4. 뒷면에 글루건으로 브로치 핀을 붙이고 옷이나 가방, 필통 등에 예쁘게 달아 장식해주세요.

냉장고 자석

1. 브로치 만드는 과정의 ①~③을 동일하게 진행합니다.

2. 뒷면에 수예용 접착제를 바르고 동그란 자석을 붙여주면 끝!

미니 핀쿠션

1. 원단에 도안을 그리고 수를 놓으세요.

2. 둘레에 2cm 정도 여유분을 두고 완성선을 그린 후 시접 0.7cm를 남기고 재단합니다. 밑감용 원단도 동일한 사이즈로 준비합니다.

3. 겉면 끼리 맞댄 후 창구멍을 남기고 촘촘히 홈질한 후 뒤집으세요.

4. 적당히 솜을 넣은 후 공그르기하면 끝!

Tip. 브로치 핀을 달아 입체 브로치로 활용해도 귀여워요. 리본을 연결해 가위에 달아줘도 아주 예쁘답니다.

싸개 단추

1. p.92 쁘띠 마카롱 중 원하는 도안을 골라 수를 놓으세요.

2. 싸개 단추용 몰드와 고무망치를 이용하여 원하는 크기의 단추를 여러 개 만들어주세요.

3. 아이옷에 예쁘게 달아주세요.

브로치

1. 지름 4.5cm의 원 안에 도안을 옮겨 그린 후 수를 놓으세요.

2. 원 둘레에 시접 2cm를 남기고 동그랗게 재단합니다.

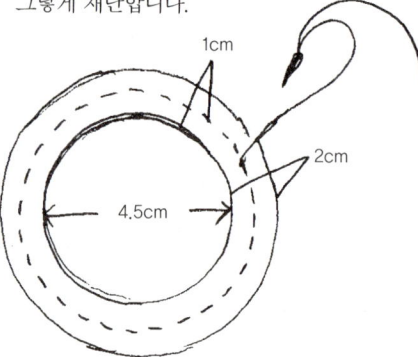

3. 시접의 중심 부분을 빙 돌아가며 홈질하세요. 브로치 프레임을 그 안에 끼워 넣고 실을 당겨주세요. 뒤쪽에서 원단을 오므려준 후 지그재그로 실을 매듭짓습니다.

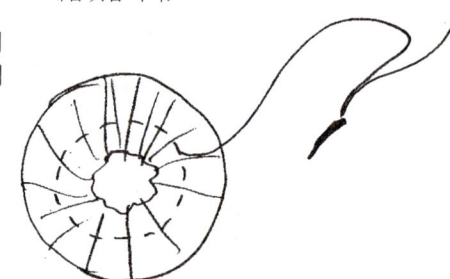

4. 브로치용 틀을 뒷면에 대고 고정핀을 끼워 완성합니다.

Rollcake Pin Cushion

롤케이크 핀쿠션

아무리 많아도 자꾸자꾸 만들고 싶은 핀쿠션. 롤케이크를 수놓은 귀여운 핀쿠션을 만들어보세요.

사용한 패브릭
- 화이트 하프리넨

사용한 실
- DMC 25번사
: 436, 3865, 4501, 3078

활용되는 스티치
- 새틴 스티치
- 프렌치 넛 스티치
- 패디드 새틴 스티치

작품 사이즈
- 지름 약 4.5cm(자수)

핀쿠션 재료
- 방울솜
- 원목 받침대
- 글루건

POINT

솜을 넣을 때는 어느 한쪽도 찌그러지지 않도록 골고루 충분히 넣어주어야 해요.

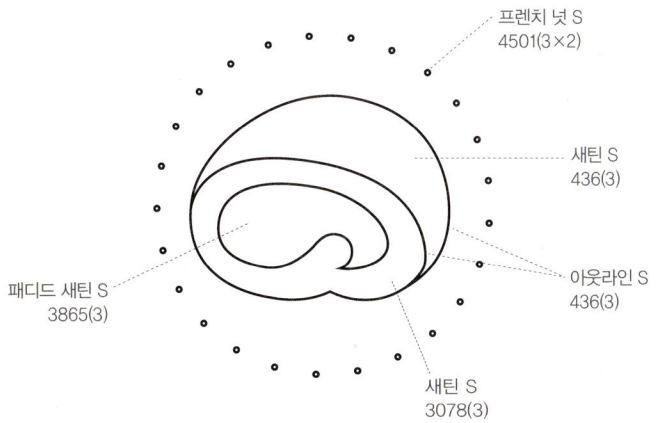

프렌치 넛 S
4501(3×2)

새틴 S
436(3)

아웃라인 S
436(3)

새틴 S
3078(3)

패디드 새틴 S
3865(3)

How to make

① 완성된 롤케이크 자수를 중심으로 지름 12cm의 원을 그립니다.

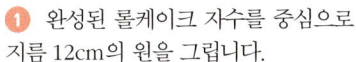

시접 1cm

지름 12cm

② 시접 1cm를 남기고 재단하세요.

③ 완성선을 따라 홈질한 후 그림과 같이 오므립니다.

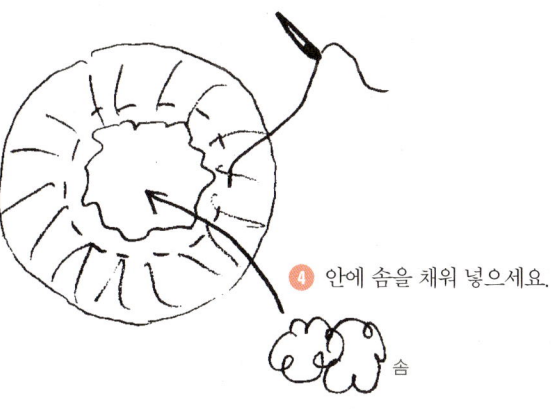

④ 안에 솜을 채워 넣으세요.

솜

⑤ 통통하고 동그란 모양이 되도록 솜을 충분히 채워넣은 후 바늘로 오므려진 곳을 왔다갔다 떠주면서 단단히 조여 매듭지어줍니다.

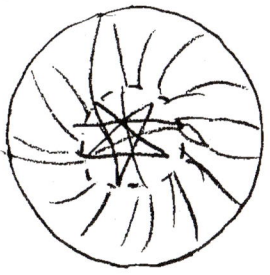

⑥ 글루건을 이용하여 준비된 원목 받침대에 고정시켜주면 완성!

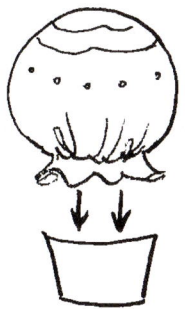

Candy Pin Cushion
캔디 핀쿠션

폭신폭신 사랑스러운 모양의 핀쿠션을 만들어보세요.
여러 가지 캔디와 아이스크림 콘을 수놓아 달콤함을 가득 담았어요.

사용한 패브릭
- 크림 베이지 하프리넨(달콤종합세트)
- 아이보리 하프리넨(아이스크림 A)
- 화이트 하프리넨(아이스크림 B)

사용한 실
달콤종합세트
- DMC 25번사
: 155, 347, 632, 666, 676, 712, 738, 761, 958, 3747, 3823, Blanc

아이스크림 A
- DMC 25번사
: 310, 605, 632, 725, 761, 842, 938, 958, 959, 3064, Blanc, E3821
- Anchor 25번사 : 279

아이스크림 B
- DMC 25번사
: 602, 605, 727, 738, 842, 964, 3840, 4022, 4060, Blanc

활용되는 스티치
- 백 스티치
- 새틴 스티치
- 스트레이트 스티치
- 아웃라인 스티치
- 프렌치 넛 스티치
- 체인 스티치
- 휘프트 백 스티치
- 시드 스티치
- 링 스티치
- 스파이더 웹 로즈 스티치
- 레이지 데이지 스티치
- 레이즈드 스템 로즈 스티치
- 블랭킷 휠 스티치

작품 사이즈
- 각각 지름 9cm 원형

핀쿠션 재료(1개분)
- 윗감용(자수용) 리넨 15×15cm
- 뒷감용 원단 10×10cm
- 방울솜
- 비즈 1~2개(선택사항)
- 리본 테이프 약 10cm(선택사항)

달콤종합세트
아이스크림 B
아이스크림 A

[아이스크림 B]

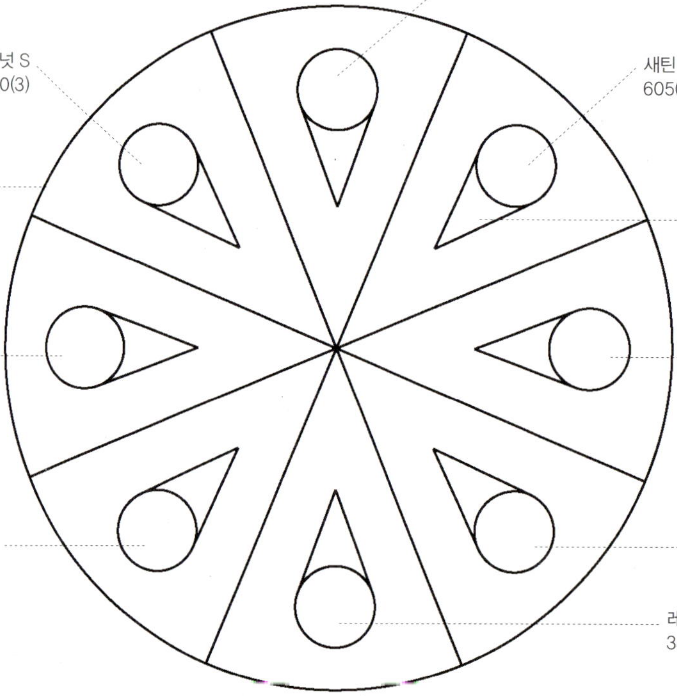

- 시드 S 4022(4)
- 프렌치 넛 S 4060(3)
- 새틴 S + 프렌치 넛 S 605(3)
- 이음새 부분은 휘프트 백 스티치 602(6) + Blanc(6)
- 콘 부분은 모두 스트레이트 스티치이고, 738(2)과 842(2)를 이용해 번갈아가며 수놓으세요.
- 링 S 727(3)
- 스파이더 웹 로즈 S Blanc(6)
- 블랭킷 휠 S 602(3)
- 체인 S 964(3)
- 레이즈드 스템 로즈 S 3840(6)

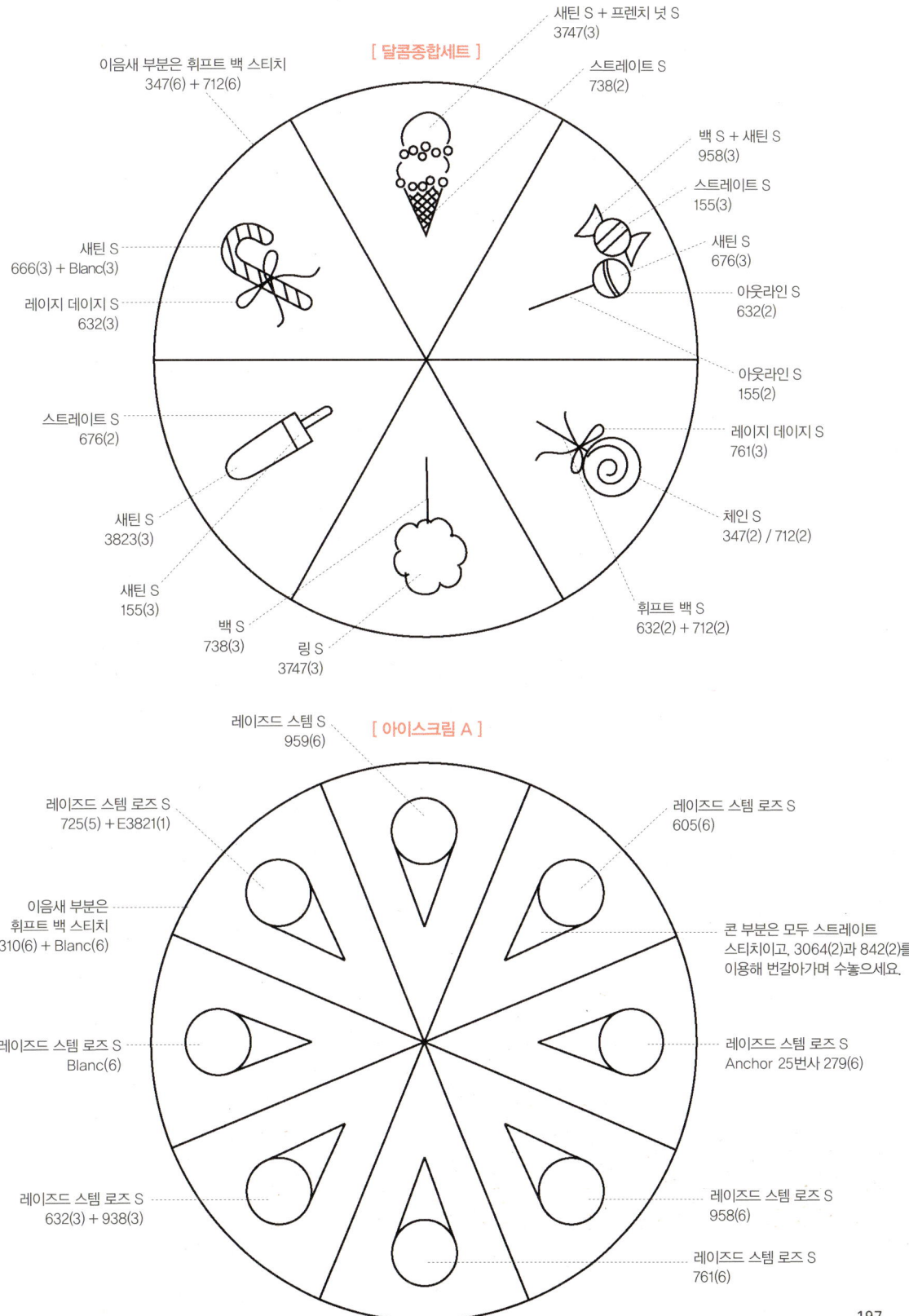

How to make

① 자수용 원단에 지름 9cm의 원을 그리고 도안을 따라 자수를 놓으세요. 그 다음 시접 1cm 를 남기고 재단하세요. 뒷감용 원단도 같은 크기로 준비합니다.

② 겉감과 뒷감을 겉면끼리 맞댄 다음 창구멍을 남기고 빙 둘러 촘촘하게 박음질하세요.

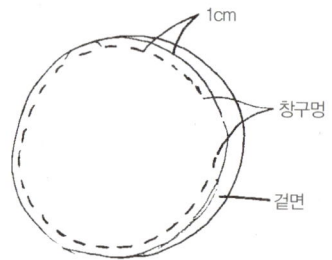

③ 곡선 둘레를 따라 가위집을 골고루 넣고 뒤집은 후 솜을 안쪽부터 꼼꼼하게 채워넣으세요.

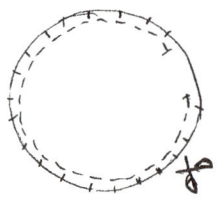

④ 창구멍을 공그르기로 막아준 후 이음새 부분을 휘프트 백 스티치로 장식해 줍니다.

⑤ 자수실 6가닥을 바늘에 꿰어 겉감의 중심점에 꽂아 넣고 뒷면 중심으로 나오는 과정을 3회 정도 반복하면서 단단하게 핀쿠션의 배꼽을 만들어줍니다.

⑥ 배꼽이 중심에 쏙 들어가도록 만들어졌다면 이제 실로 핀쿠션 앞뒤를 교차하며 6등분 해주세요. 이때 서로 마주보는 순서로 실을 당겨주어야 균형 잡힌 모양을 잡을 수 있답니다.

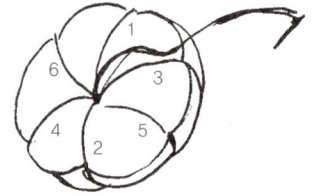

⑦ 6등분 선을 다 그어준 후 뒷면 중심에 비즈를 달아 장식해주고, 다시 앞면 중심으로 바늘을 통과시켜 가운데 리본 장식을 달아 마무리합니다.

Tip. 비즈나 리본 장식을 생략하고 바로 마무리해도 괜찮아요.

리넨에 솜사탕 도안을 그려주세요.

아래쪽에서부터 링 스티치를 시작합니다.

옆에서 본 링 스티치 모습이에요.

솜사탕의 테두리를 절반 정도 수놓으세요.

나머지 테두리도 링 스티치로 마무리해주세요. 이 안쪽을 링 스티치로 채워줄 거예요.

일정한 링 크기를 유지하면서 안쪽을 꼼꼼히 채워주세요.

옆에서 바라본 모습이에요. 각각의 링이 입체감을 만들고 있습니다.

마지막으로 솜사탕의 막대 부분은 두 가지 색실로 휘프트 백 스티치를 해줍니다.

Macaron Embroidery Flame*
마카롱 수틀 액자

수틀 그 자체가 멋진 액자가 될 수 있답니다.
수틀에 자수천을 그대로 끼워 액자로 활용해보세요.

사용한 패브릭
- 연베이지 하프리넨

사용한 실
- DMC 25번사
: 301, 597, 602, 738, 817, 938, 959, 988, 3064, 3609, 3801, 3840, E168

활용되는 스티치
- 아웃라인 스티치
- 새틴 스티치
- 백 스티치
- 스트레이트 스티치
- 프렌치 넛 스티치
- 카우칭 스티치
- 레이지 데이지 스티치
- 패디드 새틴 스티치

작품 사이즈
- 약 8×8cm

POINT

깔끔한 분위기를 원한다면 나무 수틀을, 조금 더 귀엽고 사랑스러운 분위기를 원한다면 컬러 후프를 사용하세요.

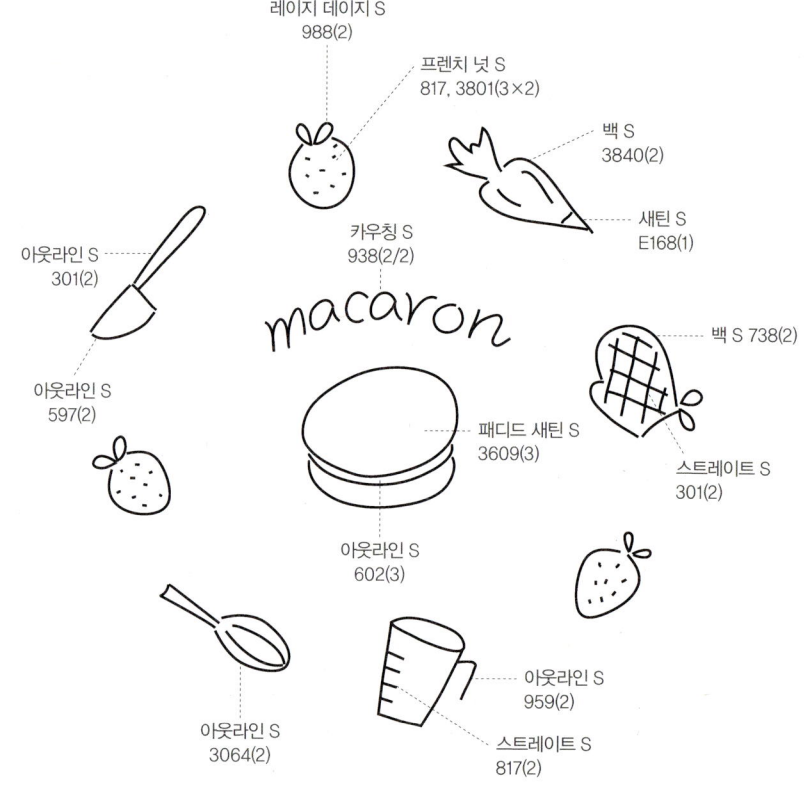

How to make

① 리넨에 자수를 놓으세요.

② 수틀 사이즈에 맞게 리넨 위에 원을 그린 다음 3cm 정도 시접분을 두고 잘라냅니다.

③ 시접의 중심 부분을 빙 돌아가며 홈질한 다음 장식할 수틀에 끼우고, 팽팽하게 실을 당겨 매듭짓습니다.

④ 원하는 곳에 걸어주면 끝!

Tip. 수틀액자를 만들 때 자수에 레이스를 덧대 장식을 해주어도 좋아요.

제시된 도안을 변형하거나 원하는 스티치를 적용해 나만의 자수 작품을 만들어보세요.

※
언제나 그렇듯이,
달콤한 순간은

갑자기
우리를 찾아온다.

INDEX

[자수 기법]

디테치드 버튼홀 스티치	72
러닝 스티치	36
레이즈드 스템 로즈 스티치	68
레이즈드 스템 밴드 스티치	67
레이지 데이지 스티치	39
롱 앤 숏 스티치	49
링 스티치	50
백 스티치	37
번들 스티치	52
블리온 로즈 스티치	56
블리온 링 스티치	55
블리온 스티치	54
브레이드 스티치	65
블랭킷 스티치	48
블랭킷 휠 스티치	58
새틴 스티치	38
스미르나 스티치	76
스트레이트 스티치	38
스파이더 웹 로즈 스티치	51
스플릿 스티치	46
시드 스티치	50
아웃라인 스티치	41
오픈 체인 스티치	60
우븐 피코 스티치	70
저먼 넛 스티치	64
체인 백 스티치	61
체인 스티치	44
카우치드 트렐리스 스티치	57
카우칭 스티치	47
캐스트온 스티치	71
코디드 버튼홀 스티치	74
클로즈드 페더 스티치	62
클로즈드 헤링본 스티치	63
트위스트 레이지 데이지 스티치	53
트위스트 로즈 스티치	69
패디드 새틴 스티치	66
프렌치 넛 스티치	40
플라이 리프 스티치	43
플라이 스티치	42
하프 블랭킷 휠 스티치	59
휘프트 러닝 스티치	36
휘프트 백 스티치	37
휘프트 체인 스티치	45

[자수 작품]

다섯 가지 과일 맛 타르트	146
달콤한 레터링	108
롤리팝 파우치	179
롤케이크	94
롤케이크 핀쿠션	192
마카롱	128
마카롱 다이어리 커버	182
마카롱 수틀 액자	200
미니 액세서리 5종	184
빵빵빵	112
쁘띠 마카롱	92
아이스크림 바	158
아이스크림 에코백	164
아이스크림 콘	110
아홉 가지 맛 도넛	102
애프터눈티	116
에클레어	120
웨딩 케이크	152
진저브레드맨	98
초코볼	134
카페 에이프런	166
캔디 핀쿠션	194
커피 브레이크	88
커피 트리오	138
컵케이크	136
컵케이크 티코스터	169
케이크 스탠드	122
트래블 투 파리	142
허니 허니 스트링 파우치	174

나의 달콤한 프랑스 자수

1판 1쇄 발행 2016년 7월 5일
1판 8쇄 발행 2018년 12월 14일

지은이 민우준

펴낸이 최태선
편집팀장 손영미
책임편집 임용옥
디자인 성다윤 · 정소희
마케팅 신영병 · 류현지
디지털 콘텐츠 고미영
스토어 이혜미
경영지원 최지영

외부 스태프
사진 박영하 (여름하 스튜디오)
디자인 김아란 (www.isayaran.com)
도안 일러스트 진문영

펴낸곳 ㈜솜씨컴퍼니
등록 제2015-000025호
주소 04042 서울시 마포구 잔다리로6길 20-5 2층
전화 02.3142.4364   **팩스** 02.6442.4364
홈페이지 www.somssistore.com
종이 월드페이퍼   **인쇄** 도담프린팅
용지 표지 : 아르떼 울/화 210g   본문 : 뉴플러스 화이트 120g

ISBN 979-11-86745-12-0   13630

- 값은 뒤표지에 있습니다.
- 잘못된 책은 구입하신 서점에서 교환해 드립니다.